照片裡的故事

Stories Behind the Photos

上 冊

常叙庸 著

易文出版社・紐約

I Wing Press, New York

Stories Behind the Photos Ⅰ

By Chang Xuyong

Published by I Wing Press, New York
iwingpress@gmail.com
December 2024, First Edition, First Printing

照片裡的故事（上册）

常叙庸 著

出 版 人：冰　寒
裝幀設計：王昌华

出 版： 易文出版社·纽约
版 次： 2024 年 12 月第一版，第一次印刷
字 数： 全三册总 480 千字
定 价： 全三册 $80.00

前　言

　　我今年已经八十多歲了。七十歲那年，我選了 283 張照片，編了一套題為《人生七十才开始》的像册。事後感覺不甚满意。這次吸取教训，把我在微信上寫的文章分門別類整理出來。以照片為主，配上文字。我的學生——美晓萍（長春電影製片廠老藝術家陳汝斌的女兒）把我的文章稱為"照片裡的故事"，我覺得非常恰切，就把這册書名定為《照片裡的故事》。

　　《照片裡的故事》主要寫我的成長歷程，僅闢始兩篇文章是"常氏家族史"，而且，这家族史的资料来自老家——吉林省梨樹縣檔案館（魏晓光先生執筆）。先人的功績已由後人撰寫，其歷史的地位也因更正原來錯誤的記錄與敘事而給予確定。先祖的功績是他們自己為民為國並被後人肯定的歷史，我無需再多筆墨了。

　　本書收集 407 篇、近十年所寫之隨筆，記載了自己成長過程中所經歷的種種坎坷和所遇到的頗多幸運，是紀實與感悟，也是自己由小到大走過的人生之路的實錄。從無知到幼稚，最後到認知，這是一個漫長的經歷，八十年的時光卻也瞬間就滑過了。雖然我的經歷與一些同學和朋友比較，好像是豐富點兒，坎坷點兒，曲（趣）折點兒，自己唯一的收穫是，活得比過去明白了。這本書中，我用大量的筆墨記述了在中國由小學到工作那三十五年間的經歷，在美國為家庭生活和孩子們健康成長而投入的長達四十五年的奮鬥。近十五年至二十年裡，我居多的時間是反思反省人生路是如何走過來的，同時也記述了游览世界名胜、了解各地風土人情的旅程。

　　我所寫的內容均爲自己的人生故事，並無虛構，但偶有自我調侃的味道，因我的生活態度本來就不夠嚴謹，性格活潑開朗。從年輕時的驕傲自滿到今天能認真反思自己一生的對與錯，從渾噩的混到清醒的活，從爲生存而活到瀟灑走完自己的人生，這就是我八十年的收穫，希望能與大家分享。

本人學的專業既不工也不理、既不文也不農林醫，而是少數人酷愛的專業——體育，所以文筆較差，就是把"侃"落成文字表達出來而已。此外當說明的是，各篇隨筆在網路發表時都有照片為「依據」，結集成書過程中，因編輯需要等原因，部分照片省略了。但文本依然是「照片裡的故事」。另外，當年落筆，所用繁體字居多，也間有簡體字者，現在編纂為一千多頁的書，決定一仍其舊，文字不再轉化統一了。

常叙庸，2024 年 9 月

目　錄

前　言　　　　　　　　　　　　　　　　　　　　　　　　　　I

家庭生活篇

我爱我家【常氏家族史】（1）　　　　　　　　　　　　　1

我爱我家【常氏家族史】（2）　　　　　　　　　　　　　12

我一生思念和敬重的女人——母亲　　　　　　　　　　18

我这颗迟来的孝心　　　　　　　　　　　　　　　　　20

我家的霸主和曇花一現　　　　　　　　　　　　　　　23

女儿的婚礼（上）　　　　　　　　　　　　　　　　　26

女儿的婚礼（下）　　　　　　　　　　　　　　　　　30

哑巴吃黄连——有苦说不出　　　　　　　　　　　　　33

圣诞节，全家逛纽约　　　　　　　　　　　　　　　　35

感恩節——在美國是闔家團聚的日子　　　　　　　　　39

母亲节——闔家幸福欢乐的时刻（及續集）　　　　　　40

结束了，母亲节之旅　　　　　　　　　　　　　　　　42

姐弟情深　　　　　　　　　　　　　　　　　　　　　44

快樂與長輩的相會　　　　　　　　　　　　　　　　　46

在美国对照看孙男娣女新认识　　　　　　　　　　　　49

男人生日过九不过十，过否？　　　　　　　　　　　　51

意外的生日聚会　　　　　　　　　　　　　　　　　　53

拍摄在花落时的照片　　　　　　　　　　　　　　　　58

我家猪年輪的变化（2007-2019）　　　　　　　　　　　59

我的"閃"與"騙"婚記（上）　　　　　　　　　　　65

我的"閃"與"騙"婚記（中）　　　　　　　　　　　69

我的"閃"與"騙"婚記（下）　　　　　　　　　　　76

在美國不同州的不同風格　　　　　　　　　　　　　　76

一出生就没有中國籍的中國人　　　　　　　78

从一张照片裏面引发的故事　　　　　　　　82

再次急诊入院检查身体　　　　　　　　　　83

四遊“急診室”　　　　　　　　　　　　　86

四進“普林斯頓醫療中心”　　　　　　　　87

昨天晚上出院回家了　　　　　　　　　　　89

再次光顧“普林斯頓醫院”的急診室　　　　90

今晨再次光顧急診室　　　　　　　　　　　91

精心细致的檢察找出病因　　　　　　　　　92

首次没有診斷結果就出院了　　　　　　　　94

趣闻—结果—出院　　　　　　　　　　　　95

我們的醫療保險可否被引以借鉴　　　　　　97

首次回老家祭祖　　　　　　　　　　　　　97

周末骑游觀覽“杜克莊園”　　　　　　　　105

學生時代篇

中学生活纪实　　　　　　　　　　　　　　108

值得回忆的大学生活　　　　　　　　　　　114

傻了吧唧地度过政治难关　　　　　　　　　118

北京体育学院的冰上老人过去与今日　　　　124

写在高中毕业六十周年　　　　　　　　　　131

写在高中毕业六十周年（续）　　　　　　　136

两年里参加三次校庆　　　　　　　　　　　138

体育陪伴我一生　　　　　　　　　　　　　143

旅游觀光篇

回国旅游之一——山西五台山　　　　　　　149

回国观感之二——想为国内的老人和残疾人喊一嗓子　　153

回国旅游之三——到过重庆中美合作所所想到的　　155

回国观感之四——失去光泽和亮丽的首都　　161

美丽的百慕大（一）   162

美丽的百慕大（二）   166

美丽的百慕大（三）   168

美丽的百慕大（四）   172

美丽的百慕大（五）   175

美国西岸之旅   177

初游夏威夷   183

到爱尔兰訪友旅游   188

到瑞士訪友旅游   191

到法国旅游   195

到意大利探亲旅游   198

两次到日本訪友旅游有感   204

再次去台湾之间相隔四十四年   209

我们的自由行之旅（一）   210

我们的自由行之旅（二）   215

一次值得回憶和追记的旅遊   219

人生友誼篇

永遠的記憶——珍貴的情誼   223

误飞来的一只孔雀（忆我的学生何真同学）   224

回忆六十五年前的发小   226

怀念母校——写在北京体育大学六十六年校庆前   234

"懷念戰友"——缅怀五年大學同窗生活   239

怀念我的击剑专业教练黄占鳌先生和王守刚先生   243

我敬重的教练和击剑运动事业的开拓者王守刚先生   245

我们的好教練、老师、大姐穆（秀蘭）先生   246

"人生七十才开始，漫步八十乐逍遥"（一）   250

"人生七十才开始，漫步八十乐逍遥"（二）   255

"人生七十才开始，漫步八十乐逍遥"（三）   262

"人生七十才开始，漫步八十乐逍遥"（四）   273

"人生七十才开始，漫步八十乐逍遥"（五）　　　　277
"人生七十才开始，漫步八十乐逍遥"（六）　　　　279
耄耋之年回国探亲访友之旅（一）　　　　286
耄耋之年回国探亲访友之旅（二）　　　　288
耄耋之年回国探亲访友之旅（三）　　　　291
耄耋之年回国探亲访友之旅（四）　　　　295
耄耋之年回国探亲访友之旅（五）　　　　297
耄耋之年回国探亲访友之旅（六）　　　　300
耄耋之年回国探亲访友之旅（七）　　　　303
耄耋之年回国探亲访友之旅（八）　　　　305
耄耋之年回国探亲访友之旅（九）　　　　308
耄耋之年回国探亲访友之旅（十）　　　　311
耄耋之年回国探亲访友之旅（十一）　　　　314
耄耋之年回国探亲訪友之旅（十二）　　　　317
耄耋之年回国探亲访友之旅（十三）　　　　320
耄耋之年回国探亲访友之旅（十四）　　　　323
耄耋之年回国探亲访友之旅（十五）　　　　326
耄耋之年回國探親訪友之旅（完結篇）　　　　329
幸福和温馨的視頻通話　　　　332
睹物思人——懷念北京女八中的劉連璞老師　　　　333
北京体育大学武术系学生对老师仙逝之感言　　　　334

家庭生活篇

我爱我家【常氏家族史】（1）

常荫廷，光绪初年随父来到奉化（梨树）县刘家馆子屯定居，清末举人，曾任龙江道尹、黑龙江省政府参议等职。常氏祖先早年由云南迁入山西，后又迁至山东青州府寿光县。家族先人在北魏时期就入朝做官，唐朝官至宰相。

常家辈辈习武，老祖宗常凤鸣、烈祖常汝现、三伯祖常汝理都在武术学校受到过专科训练。"科第联绵，声名洋溢"，常家先人武功得到国家的认可，获得荣誉证书。常大成也身怀武功绝

我的曾祖父—常荫廷之遗像

技，是侠肝义胆之人。在《绥化县志》中对常殿元这样介绍："公弱冠随父适奉省梨树县，因而卜筑焉，松茂竹苞，室家宁谧，椒实瓜瓞，嗣续蕃昌，戚里啧啧羡之"。

常荫廷是高祖常殿元长子，二弟常荫敷、三弟常荫恩、四弟常荫槐。常荫敷在家乡经营家业；常荫恩在哈尔滨于设钱庄、商号等；常荫槐，奉天法政学堂毕业，曾任东北陆军总执法处处长、京奉铁路管

理局局长。兄弟四人生育 13 名男孩，17 名女孩。男孩中常赞彝、常宗彝曾任陆军营长；常炳彝（我的祖父）曾任密云县知事；常焜彝（我的叔祖）曾任直隶省长公署秘书；常鼎彝亦为军界人物；还有常端彝、常宣彝、常栋彝、常林彝、常桐彝、常溥彝、常俊彝、常忱彝。孙子常伦五、常伦典、常伦政、常伦夏（我的父亲）、常伦厚、常伦序等。

常家在黑龙江讷河县拥有大量土地，相传"日初骑马出发巡地查地号，直到日暮天黑尚未到达边界。"可见常家土地面积之广。常荫敷及后人在刘家馆子务农，其余子孙在外地，或读书、或工作。

解放前夕，常家大少爷常赞彝和六少爷在刘家馆子守祖产，两个侄女在公办小学教学。1947 年 3 月，梨树县土改工作队用手榴弹炸毁了常家大院西侧的老爷庙，把在国民党军队里当团长的"常五大刀"常鼎彝押回本地正法。常赞彝及妻子、儿子常伦建、女儿常静怡被赶出常家大院，后安置在村四队一农户家的西下屋。常伦建因腿脚有残疾，后在村服装加工厂做裁剪，文革后期被批斗，终生未婚。常静怡因家庭出身问题，始终未嫁，直至改革开放后与一丧偶王姓老师结婚，不久离婚远走他乡。常赞彝的大儿子常伦五，在北京居住，文革期间曾被遣回原籍。

常家故居位于现在的刘家馆子镇政府所在地，俗称"常家大院"。是青砖岱瓦、雕梁画柱的古建筑，文革期间还有一个大礼堂尚存。

常家墓地位于刘家馆子镇东南一公里坡度较高的土岗下，墓地坐南向北，靠山面水，有常荫槐父母的墓穴、常荫槐墓穴、常荫槐兄长常荫廷的墓穴。其中最大的是常荫槐父母的墓穴，深约 2 米，面积约 10 平方米。常荫槐的墓穴稍微小一些。墓地几经毁坏，多次被盗挖，已经没有了坟头，只见几个大坑。当年这里有 3 块墓碑，2 块是常荫槐父母的，现已被梨树县博物馆收藏。另一块是常荫槐的，现存于梨树县城一外姓私人家中。

【一】曾祖父—举人常荫廷

常荫廷，字括襄，生于 1869 年，山东寿光人。卒于 1935 年。父亲常殿元。兄弟四人中排行老大，天资聪颖，勤奋好学，于光绪二十年（1894 年）在沈阳考中举人，其年是甲午年，故称甲午举人。

据资料记载："居鲁时，其家为之议婚，然女染痨病。未几常家因生计故欲渡榆关。将行，岳家顾谓括襄曰：汝妻，当携去，不然，吾将弃之。括襄，素忠厚人也。悯女无归。遂携之行，落户昌图府奉化县（今吉林梨树）刘家馆子屯。女病日笃。常母张太夫人素有懿德，与子商：既归吾家，当行合卺之礼，以全渠愿。礼毕越三日女亡，括襄以妇人礼归葬祖茔。后光绪甲午，括襄以秀才应奉天乡试，邻有急公好义者沽酒屠豚为之募川资。括襄入贡院号舍，破题无计，苦思不得。困甚，不觉身入南柯。见一青衫圆髻妇人，笑谓括襄曰：汝何其笨矣，女虽不才，试替汝答之。言毕文讫。括襄惊觉，览卷大哭，以时文非己答也。归途中徐思益哭。至家，与母言，自觉秋试无望，愈大哭。张太夫人曰：儿勿惊，依汝摹形状，女非他，乃汝媳也，或为其报恩也。括襄心始定。未已果中桂榜。"

清宣统二年（1910 年）起，先后任黑龙江省青冈、木兰等县知事。在位期间，整编警力，启用蒙族勇士怀塔喜为县公安局长，清剿境内土匪团伙，击毙匪首杜永胜、刘大虎等，使百姓得以安宁。为解决百姓生活，用自己的工资收购蒙古王贵族霸占的闲置荒地，让农民开荒耕种，秋后收取少许租金，这一举措深受老百姓欢迎。因此，他自家在黑龙江省所拥有大量土地，覆盖几个县。同时还发展经济，兴办商业，建立学校，设储备粮仓，主持编著了《绥化县志》。1922 年，擢升绥兰道尹，期间创编所属各县游击队兼清乡会办、游击队营管处会办，与黑龙江督军兼省长吴俊升结义为兄弟，在黑龙江省政界中成为一位有影响的人物。1925 年调任龙江道尹。1927 年转任呼海、齐克两铁路总办及黑龙江省政府参议等要职。1928 年辞去铁路总办职务还乡。1930 年 8 月，辽河溢水，拿出积谷 1000 多石，救济家乡村民。

【二】 高祖父—常殿元

高祖父-常殿元（中间）与其四子，右起：常荫恩、常荫廷、常荫敷、常荫槐。

常殿元，1840 年出生，山东人。父亲常大成，母亲王氏，育有兄弟三人。常殿元是老幺，幼年颖异，喜欢读书，勤劳俭朴，堪称行家里手。

常殿元品德高尚，志向远大，很少管理家里事情，家中的大事小情都交给了太夫人打理。常荫廷主持编写的《绥化县志》中，详细记录了父亲常殿元的情况。志书记载："公幼即颖异，最喜读书，内而持身孝友姻睦，克笃前烈。外而应世端方诚悫，见义必为"。

光绪二十年（1894 年），常荫廷中举后，其父常殿元很快成了县里的名人，被县税捐局局聘为总会计师。工作中不但政绩斐然，而且官风好。因工作业绩突出，受到民众的肯定，得到过政府最高嘉奖。志书记载："至则爬垢搔痒，举从前积弊一洗而空之，民困大苏，先后应聘垂三十余年，两袖清风，一心似水"。"邑人爱戴之，为送'望重达尊'匾额，以志不忘。"

退休后，继续发挥余热，被聘为"朝议大夫"，以人民代表政协委员的身份参政议政，为家乡做过很多事情，其中最为值得称道的是肃匪安民的功绩。刘家馆子地处偏远，人烟稀少，盗贼猖獗，官府对其鞭长莫及。常殿元组织当地人们拿起武器，奋力抗争，一举歼灭土匪。史料记载："庚子夏，众匪肇祸，銮舆播迁，桀黠者多变而匪。适著匪岳坤等纠党二百余，聚抢近郊，邑人惶惑莫知所为计，公邀各乡耆密室，划计曰：时势至此，官治力有不逮，再不谋自治之方，民生尽矣。于是议举乡团，按户出丁，约定阵亡一人或伤马匹，恤赏若干。义旗一举，众皆响应。邻人宫君平，性忠勇有胆略，当推为练长，一鼓歼岳匪殆尽，其后屡摧贼锋，二十年来盗贼不敢入境，皆公运筹之力也，以故梨人士庶称德之，至今弗衰"。卒于 1919 年 7 月。

【三】高祖母—张氏

高祖母张氏（中间坐者）与四子合影右起：常荫恩、常荫廷、常荫敷、常荫槐

常母张太夫人，出生于清道光二十七年（1847 年）六月十八日午时，16 岁嫁给常殿元为妻，贤惠勤劳，家中生活琐事处理井然有序。1925 年 1 月病逝，享年 78 岁。

常母张氏病逝后，常荫槐所在的京奉铁路局各处正副处长、课长、站长、事务员等 820 人集资立"常母懿德碑"。

常母懿德碑为汉白玉石质，长 2.15 米，宽 0.85 米。碑额稍宽，宽 0.89 米，高 0.6 米。碑额浮雕卷云纹麒麟图案。中间部分的方形位置上，正面篆刻"阃仪足式"，背面刻"女范昭永"。碑体正面正中刻有楷书："清封夫人常母张太夫人懿德碑"，右为立碑时间"中华民国十四年夏历乙丑八月廿八"，左为立碑单位（小字刻上三行、下四行）：

"一等大绶宝光嘉禾章、一等文虎章、交通总长，愚侄叶恭绰篆额。

三等嘉禾章、五等文虎章、国务院存记简任职京奉铁路局副局长愚侄曾广勷敬撰。

二等嘉禾章、三等宝光嘉禾章、国务院存记农商部任用简任职京奉铁路局秘书，愚侄张季霙敬书。

京奉铁路局

车务处副处长关衍麟及所属课长员司并一百二站站长等三百五十八人。

总务处处长赵镇、王焕文、韩景堂及所属七课课长员司等一百四十七人。

工务处处长助理兼课长郑荣昌及本处员司外段工程司等四十四人。

警务处正、副处长孙乐山、董寿彭及课长督长课员督察员大队长分队长总分队长等七十七人。

机务处副处长孙鸿哲及所属员司段长技师等五十八人。

会计处副长兼总稽核顾崇林及所属六课课长员司等一百二十一人。

驻奉办事处正、副处长郭鸿图、齐乡及所属主任事务员等十五人。"

常母懿德碑的背面为碑文，从右至左竖刻二十二行，足行四十二字。记载的是常荫槐母亲的生平事迹。

文曰：

女教陵夷，以至于今。相习为夐高壮骏之谈，以震世，而动俗；公宫师氏之试，相夫训子之道，阙焉弗及。如是而欲修内政，兴贤才，岂不左哉！故家遗俗，犹有存者，不垂令范，何以淑世？此常母懿德碑所由作也。太夫人沈阳望族，父讳盛富，母氏崔。生而韶淑，雅得亲心，年十有六，承归重三赠公讳殿元。赠公高行远志，不事家人，生产米盐琐屑，一以委太夫人。太夫人处理井然，凡可以为家中节日用、计久者，无不周凡。所以苦一身。逸诸姒，以承舅姑意者，无不至。渐米执爨，供奉旨甘，堂上加餐辄喜，减饭则忧惶终日，威姑衰年多病，扶持抑搔，夙夜无间，中裙厕牏身自瀚濯，日久无倦容。为人谦恭下人，人以是化之。秉性俭约，独好施予，周恤族姻，济贫振匮，知之无不为，为之无不尽，盖数十年如一日也。太夫人恩其子女而督课不稍宽假。长君荫廷，少喜乘马，则诚之曰：“士贵学养兼至，驰马试剑，非所宜也，入村必武，毋失礼于长者。”既而长君与季子荫槐扬历中外，屡请奉板舆以承菽水欢，太夫人一至辄去，惟时时以“毋负国，毋负民”为训。乐居乡里，督仲子荫敷，叔子荫恩勤家事，不少暇逸。后赠公之卒五年，甲子十二月十四日未时，太夫人无疾终于里第，距生于清道光二十七年丁未六月十八日午时，享寿七十有八。子四子，荫廷，甲午举人，现官绥兰道尹，荫敷、荫恩以实业名于时；荫槐，奉天法政学堂毕业，现官东北陆军总执法处处长，京奉铁路管理局局长。女一人。孙男十三人，赞彝，宗彝，现官陆军营长；炳彝，现官京兆密云县知事；焜彝现为直隶省长公署秘书；鼎彝亦现为军官；端彝、宣彝、栋彝、林彝、桐彝、溥彝、俊彝、忱彝等，均为儒业。孙女十七人。曾孙六人，伦五、伦典、伦政、伦夏、伦厚、伦序。曾孙女六人。呜呼！盛矣。广勤等从事京奉路局，与季子共职一堂，习闻太夫人之懿行嫩德，多足为世法而补女教于久敝者。宜勒贞珉，以垂令范。爰系以铭，其辞曰：

　　姜之孝，冀之敬，仇之迁，夫人一身兼数贤，险难备历德泽全，有子弁冠而霓旆，子孙曾元华萼联，潭潭老福瑶池仙，羲璘胡晦涕泗涟，敢禳懿嫩乐石镌，昭兹来许万斯年。

【四】四叔曾祖－常荫槐

常荫槐，字瀚勃，祖籍山东寿光，光绪十四年（1888年）出生于昌图府奉化（梨树）县。宣统二年（1910年）毕业于奉天法政学堂后，曾任黑龙江陆军第一师军法处长、代理督军署军法课长兼省长公署参议、奉军赴陕剿匪总司令部军事参议等职。1922年参加第一次直奉战争，任骑兵第三旅参谋长。后任北京政府交通部参事、国务院参议，吉林、黑龙江两省剿匪总司令部参谋长，奉军镇威军骑兵集团司令部参谋长。1924年任奉天省军警执法处长兼清乡督办。

四叔曾祖-常荫槐遗像

参加第二次直奉战争，任奉军第三、四方面军军团部政务处长、交通司令。1926年任京奉（北京——沈阳）铁路局长，6月任交通部唐山大学校长，12月张作霖联合孙传芳、吴佩孚拼凑安国军，任安国军交通总长。1927年6月张作霖等成立中华民国军政府（即安国军政府），任潘复内阁交通次长，不久代行部务。1928年3月任关税自主委员会委员，7月被东三省保安总司令张学良任为东三省交通委员会委员长，12月被南京国民政府委任为黑龙江省政府主席。

常荫槐精明干练，"是不可多得的智谋之士"，但缺点是"为人高视阔步，目无余子，恃才傲物，惟我独尊"。对张学良更是傲慢无礼，"作孩提看待"，每与张学良谈公务，总是"口呼汉卿，慢不为礼，且独断独行。"另外，由于日本特务从中挑拨离间，和蒋介石的阴谋陷害，以及奉系内部派别之间互相倾轧。张学良于1929年1月10日晚，以"阻碍和局，妨碍统一"的罪名在沈阳大帅府"老虎厅"将其与杨宇霆同被杀害。张学良对其后事作了妥善处理，其子女、家庭未株连，派专人到常家送慰问费一万元，供丧葬花用。常荫槐遗体被运回梨树县刘家馆子，灵柩停放三个月。张学良送了挽联，联文为："天地鉴余心，痛为流言悲蔡叔；江山还汉室，敢因家事罪淮阴。"常荫槐葬于刘家馆子东南一公里山坡处。1947年冬，坟墓被农民寻找金银珠宝挖开。1966年"文革"，坟墓被"红卫兵"毁掉。

当年张作霖一统中国半壁江山，杨宇霆长辽宁，吴大舌头（吴俊陞）主吉林，常荫槐领黑龙江，风光不可一世。但天有不测风云，张大帅於返奉天途中，在皇姑屯被炸死。杨，常功高震主，不知收敛，背后还是小六子来，小六子去，再加上小人挑拨离间。张学良当年脑子也不够用，乃于某日晚召杨，常二人到帅府打牌吃饭。牌局后张学良借故换衣入内，这时有马弁刘多荃等四人，进入前厅，一阵乱枪，立毙二人於厅内。

张学良少年得志，打吗啡，玩儿女人，但他做了三件错事，害了他自己一生，也影响了国运。1.杀自己的老师郭松龄，自己没本事带兵打仗跟蒋介石一样，没老将压阵，成吗？ 2.错杀杨，常，等于自斩手臂 3.西安事变，张学良的错举是挽救了共产党被国民党消灭的命运而祸害至今。

常荫槐在京奉铁路局长及东北交通委员会委员长任内，致力整顿铁路交通运输秩序，敢于督令属员，按章办事，对违章者处罚严格，不怕得罪上司及同僚。修筑大通（大虎山—通辽）铁路时，面对日本帝国主义多次抗议，反对修筑这条与南满铁路平行的线路，他仍按计划施工，直至建成。创建交通大学，成立交通教育监督处，在铁路交通线上的重要城镇设立中、小学等。在梨树县创立常氏私立中学，兼任名誉校长。

【五】祖父—常炳彝

常炳彝，常荫廷长子，光绪二十二年（1896年）出生于奉化县恩化社（今刘家馆子）。法政学堂（北京法政大学）毕业后，奔赴四叔常荫槐所在的黑龙江省，先后在东三省行营执法处、京奉铁路局及东三省交通总司令部就职。

1925年任密云县知事时，为秦皇岛山海关"瑞莲阁"城池匾额题字。1928年任哈尔滨税关监督。1930年11月，任河北省政府委员兼农矿厅厅长。1931年1月，任山西省政府委员兼工商厅厅长。是《黑龙江民报》的发起人之一。

日本占领期间，北方王克敏伪政府多方威胁利诱他出山，然而他始终没有答应。在1938年初，我父亲在"燕京大学"读书，由家回学校的路上被日本宪兵抓捕，罪名为同情抗日分子。父亲是家中独子，祖父动用国民党华北地区军政要人与日本宪兵司令部协商放人，人是放了但日本宪兵司令部限令一日之内全家搬走腾空交给日本人使用（现在的新街口后公用胡同八号和甲八号共占地八亩和一百零八间房，现为解放军总参干休所），祖父怕日本人再次抓捕我父亲便马上办理出国去美国加州斯坦福大学念书，直到日本投降后于1946年夏季回到北京。

被日本宪兵抢占的房子发还给我祖父，可是做过日本人的宪兵司令部的房屋无法进住，里面曾经杀害过许多爱国人士，血腥味太重，最后于1948年秋将这所房子卖掉。

抗战胜利后任北平市参议院及平津冀热察五省市军纪吏治督导团秘书长。

祖父的朋友里有两位是公众人物，一位是齐白石老先生，他与我祖父是挚交好友，他赠给我祖父的国画作品都放在客厅里的大瓷瓶里，再去台湾前我祖父将齐白石的画都存到我祖母家（祖父的大舅哥家），解放后，祖父的弟弟（常琨彝）经常去祖母家去要画，我祖母的几位侄儿都是共产党的干部，他们不想招惹是非便将所有齐白石的画全部交给国家代管（白石老人的赠画价值数亿乃至数十亿），我们晚辈真是心不甘情不愿地被国家收缴了。另一位是蒋经国先生，祖父与经国先生是好朋友，当时我们是住东城区的东总布胡同63号，经国先生在生活上是很低调的人，因我们家的大门斜对着着北平卫戍区司令部，经国先生总是把车停在距我们家两个胡同口就下车徒步而来。他的年龄比我祖父小十余岁，比我父亲和姑姑们有长几岁。经国先生既能和祖父母辈人一起谈笑，也可和我的父母姑姑们一起娱乐。另外，也因为我二姑父和三姑父都是蒋总统专机组的驾驶员。

1948 年冬，带母亲与四位女儿全家及我们全家（除我父亲外，他留下是处理生意、财产等事项）一同去了台湾，任监察院内政委员会专员，（也曾给空军司令-王叔铭将军办公室任职秘书）直至退休。退回后移民加拿大养老，于 1980 年去世加拿大，享年八十四岁。

至今我有一事不明，我 1946 年回国到北平的家，当时地址：63 号东城区东总布胡同，当时在我们家冬季烧锅炉的李师傅（不知道他的名字）经常晚上在锅炉房给我们兄弟三人讲"七侠五义""三侠剑"等古代武侠小说。可在解放后，我和我三哥跟随母亲和舅舅由台北经香港回到北京找到我父亲后，再想返回台湾时，飞机轮船都不通行了，只得留在北京生活了。1950 年我家住在东城区的新开路 59 号（西总布胡同往南的第一条胡同），某天，原来给我们家烧锅炉的李师傅来我们家造访，李师傅走后父母告诉我们说："李师傅是东城区委派来了解情况的，解放前，他是北平地下党派到我家做卧底。"，至今我也不知道家里有何等重要的机密值得共产党派人卧底数年于我家？

我祖父-常炳彝（右），字：绍裹，三爷-常琨彝。

前排是我父亲-常伦夏上小学，后排右起：祖父、祖母、曾祖母和四姑奶。

我爱我家【常氏家族史】（2）

【六】孙男滴女—长孙-常倫夏、长孙女-常鳳儀、常彩儀、常化儀、常焕儀。

长孙-常伦夏：1917 年生于黑龙江省哈尔滨市，中学就读北京育英中学，1937 年毕业，考入"燕京大学"，1938 年到美国留学，就读加州斯坦佛大学。后因二次世界大战于 1942 年毕业后无法回国，在美国滞留四年。在此期间除了给一些公司打工外，曾给国民党空军到美国受训的驾驶员做翻译，也教过中文，例如美国人李敦白先生在到延安之前于美国学习中文时，我父亲是他的老师。

前排是我的父母亲-常伦夏和王佩珍，后排是我（五岁）与父母的朋友合影。这张照片正是我父亲给空军做翻译期间时的留影，后排右一是傅保民后来曾为国民党空军基地司令。

日本投降后，我们一家三口乘万吨巨轮（在当年这个吨位的轮船即是巨轮）"杜鲁门号"于 1946 年夏天从旧金山起航经太平洋抵达天津港回到北平的家。1947 年初，母亲带领我们兄弟三人随父亲去辽宁省抚顺上任，任抚顺第三化学厂厂长。由于当时东北战局发展变化较快，我们全家于 1948 年初就飞回北京。回到北平后，我父亲去开滦矿务局北平办事处工作，直到解放后 1953 年父亲工作调到北京矿业学院基础课部化学教授。直到 1959 年支援工业建设，被调入北京化工总厂技安科任总工程师。

父母的身体健康在文革中受到严重摧残，过早离世。父亲生于 1917 年农历三月初八，1981 年 6 月 20 日于北京去世，享年六十四岁。母亲生于 1915 年农历腊月二十三日，1969 年 6 月 10 日于北京去世，享年五十四岁。

"仰面问青天，此罪该孰担，此仇向孰报，此恨向孰要。"（多余的话）

（2）长孙女-常鳳儀：生于 1919 年，我大姑出生后，医生查出患有先天性心脏病，辅仁中学毕业后在家帮助我奶奶料理在北京常家的一切日常生活，并兼照顾我的姐姐哥哥。大姑婚前是非常能干的管理人才，用今日的标准来看，她如果不是因身体健康问题，绝对是一位优秀的管理人才。不幸在五十年代初作心脏手术而离世。

（3）次孙女-常彩仪：生 1921 年至 2008 年，享年八十七岁。

我二姑毕业于辅仁大学，正值日本投降后，国共两党在北京协和医院与有美国参加的三方军调处开会共同商量双方停战一事。我二姑的英文和国际关系方面非常优秀，她担任国民党方的英文翻译。担任共产党的英文翻译是原国家主席刘少奇夫人-王光美女士，她也是辅仁大学毕业，在校也是优秀生。

一次，经国先生来到协和医院军调处时正看到我二姑和美方一位将军谈论国际和国内的形势与局势，经国先生就在一旁站在那里近五十分钟连看带听，精炼流畅的英文口语和有独特见解的形势

与局势的分析。后来，经国先生来我家里见到我二姑时說：如果你是男生，我会让妳一直跟着我一起工作。

在台湾我二姑父因公殉职后，经国先生为了照顾她家的生活，调职到中央信托公司任职，直到后来移民到美国。

（4）三孙女-常化儀：生于 1923 年 2 月 18 日，北平辅仁大学毕业。

我三姑于 1981 年 4 月初从加拿大的温哥华飞来看我们，自 1949 年 7 月我和母亲从台北乘轮船经香港回到北京已有三十二年没和家里的亲人见过面，送三姑回加拿大时，在机场给三姑照了张相片。（如下图）

我三姑在台湾的生活工作与我四姑基本近似，只是不同的公司单位而已，基本都是中英文的翻译的文秘性工作，后来到加拿大依然是文秘性的工作直到退休。现居住在加拿大温哥华城市的养老院，今年96岁，健康状况良好，有时头脑有点儿不太清楚，基本情况还好。

（5）四孙女-常焕仪：生于1925年10月25日，2009年8月去世于加拿大，享年八十四岁。毕业于北平辅仁大学，到台湾她在"美国顾问团"工作，因我的几位姑姑的英文水平都相当好，无论是口译或是笔译。即给顾问团的主管做翻译同时还负责顾问团所有的交通工具（飞机、轮船和陆地的所有车辆）的调用。后到加拿大仍然在公司任职翻译的文秘工作直至退休。

我们刚到美国，我四姑（左二）由加拿大的温尼泊来看我们（中间是我表叔，我四姑奶的儿子）。

【七】曾孙辈们：长曾孙女-常茂玲、次曾孙-常叙彭、三曾孙-常叙全、四曾孙-常叙庸。

1984 年在新泽西州的萨米特市自家餐馆的合影（右一、二是姐夫和姐姐）

常茂玲：1935 年 8 月 7 日生于北平，汇文小学，初中在北平慕贞中学，高中毕业于台北市第一女中，大学毕业于台湾法商学院。毕业后在语言学校工作，在美国驻台湾大使馆教经济部的官员中文。结婚后，跟随先生（台湾外交部常务次长的秘书）到欧洲的台湾大使馆工作，后到美国的台湾大使馆工作直到台湾退出联合国，利用外交人员的特殊待遇留在美国。留在美国后曾经营杂货店后来开中餐馆直到退休。

我们刚到美国时，大姑父正巧来美国看我们大家（与孩子坐在沙发上）右三站立的是我二哥-常叙彭。

（2）常叙彭：1936 年 9 月 3 日出生于北平，育英小学、初中，高中毕业于台北市建中，大学毕业于台湾淡江大学。先在台北的中学工作，六十年代末来美国在夏威夷研究院读硕士研究生并获第二外国语教学硕士学位。后曾在维斯康辛大学担任"第二外国语（英文）"的教学工作，后在加州工作到八十年代初来到新泽西州做中餐馆的工作直到退休。

（3）常叙全：1938 年 8 月 22 日出生于北平，小学毕业于北京育英小学，初中毕业于北京男七中，1956 年参加工作在内蒙自治区包头市一机厂直到退休。

（4）常叙庸：1940 年 7 月 14 日出生于美国加利福尼亚州奥克兰市，1946 年夏乘轮船回

常叙全的近期照片

国到当时的北平。1952 年北京育英小学毕业，1955 年北京育英（25 中）中学初中毕业，1958 年北京大同（24 中）中学高中毕业，1963 年北京体育学院（现北京体育大学）毕业。1963—1972 年北京女八中（现鲁迅中学），1972—1981 年天津教师进修学院（现天津师范大学），1981 年 4 月移民美国。

1981—1986 年在中国餐馆打工，1986—1996 年在新泽西州电召车公司打工，1996—201? 年在新泽西州圣·巴拿巴斯医院打工，201? 年退休至今。

注：本文的资料来源主要是由吉林省梨树

2018 年 11 月在北京与学生聚会时的照片

县档案馆的魏晓光提供，其它由常氏在世的亲属提供。

我一生思念和敬重的女人——母亲

　　我的母亲姓王名佩珍，字效蘭。生于
1915 年腊月二十三，籍贯山东寿光县。
我母亲原姓郭在年幼时过继给姑姑家改
姓王，中学毕业于北平贝满女子中学，于
1934 年与我父亲—常伦夏成婚于北平。

　　婚后，母亲生养我们姐弟四人，老大
是姐姐，老二到我三个男孩儿，当时的家
庭环境不需要母亲亲自带孩子，都有奶
妈喂养带大。我母亲和我堂叔于 1939 年
春末夏初到美国，当时我姐姐只有四岁，
二哥三岁，三哥一岁。

　　1938 年春天在北平家里，当时是身怀我
三哥待产期间。

母亲与堂叔-常伦序（我爷爷的侄
子）赴美前与我曾祖母合影留念。

我母亲与婆婆和伦序叔叔母子
赴美前合影于家中庭院。

很遗憾，我母亲在世时留下的影像少之又少，很幸运我刚从保存照片的小箱子里找到我母亲生前的最后两张照片。

我母亲自婚后到离开人世从没有参加过工作，一直是位贤妻良母，性情温和从不与人争辩，也从没见过与人红过脸，真是遇到被欺辱的事也是自己躲在屋里伤心落泪而已。她非常仁慈心地善良，就连与我父亲离婚后到去世都没說过我父亲一个不是，我母亲太老实，性格软弱，她一生里只替别人着想而苦了自己。

实际我母亲晨想的事情是自己的四个孩子，自我母亲 1939 年离开北平去美国到她于 1969 年 6 月 10 日去世的三十年旦，我姐姐和二哥与母亲在一起的时间也就是半年左右，除我外他们与母亲相处一起的时间太短了，所以亲情与感情也相对淡漠。我母亲从我出生后就亲自抚育我，姐弟四人只有我是喂食母奶，从1940年出生到1969年6月母亲去世的二十九年里，我与母亲几乎没有长时间分开过，即使我在北京上学和工作时也都在假期回天津与母亲一起。直到1965年10月我母亲病重后，由天津将母亲接到北京看病治疗，我没想到只尽了四年孝道母亲就离开了我们，母亲的做人原则是我们子女终身学习的榜样，否则，我们也不会有这样美好的生活环境和民主自由的政治气氛。

最让我心里过不去的坎儿就是"文革"十年浩劫，在那时只讲阶级成分而不讲人性人道主义的环境下，我母亲病重住院（北京西城区西什库的北大附属医院住院部），从住院到不给予治疗去世只有十天左右，只因出身不好就不给予认真就治和护理。一天夜晚我值班照看母亲，突然母亲病情加重，我到值班台去找医生，医生带搭不理的拖延不动，依然坐那儿看小说"七侠五义"（这书在文革时被查抄的书籍，只有红五类才能有机会看这种书），我被气昏了隔着台子我就要跳进去揪那位医生，多亏我舅舅抱住我而免除惹一场灾祸，次日下午一点十分我母亲去世。

借今天清明节写这篇短文表达我对母亲的怀念，她虽然在这世上只生活了54年，但她的善良，仁慈和优秀的人品代表了中国的贵族气质。

我这颗迟来的孝心

我父亲最喜欢长孙女，祖孙二人漫步在北京中山公园

1951 年在北京东城的小破四合院里身着"利华"足球队队服（守门员）赛前留影

已是七十三岁的我有如从睡梦中惊醒，在自己坎坷的人生道路行走至今，经历了多少欢乐与悲伤，希望与绝望的时刻，我都没有觉得自己这一生即从懂事以来有什么遗憾之事，近期一段时间通过看电视剧，报刊及小说的故事情节对我心底的一角有所触动，在我写日志的过程中也使我自己对孝道做得如何有了较深层，细致，客观和全面的回忆及分析，我认识到在我人生中最大的错事和遗憾就是没有对我父亲生前尽一点点的孝心。

1953 年夏天，我的父母亲以感情不和为由办理了离婚手续，因我母亲没有工作父亲每月给五十元生活费直到 1953 年五年期满，我和我哥哥（长我两岁）随父亲到北京上学（因我父亲的工作由天津开滦矿务局调到北京矿业学院基础课部化学课教授），我父亲的第二次婚姻绝对是错误的，自 53 年结婚到我父亲於 6 月 20 日 1981 年去世的 28 年夫妻生活中经常是吵吵闹闹，隔三岔五就吵一架，家中永无宁日。起因是 1948 年冬北京城被解放军围困后，全家上至曾祖母下到我们几个曾孙近二十口人的大家庭要逃离北京去台湾，只留下我父亲处理一些财产分存到亲戚家中，随后再到东单临时机场乘由我姑父们（两位姑父是总统专机组的驾驶员）驾驶的飞机去台湾，正是在这个时刻我父亲迈出自己人生最错误的一步，他遇上曾为达官贵人的外室之女人，既不门当也不户对，一时失足悔恨终生呀！她是带了三位与前夫所生的两女一男和我父亲结婚，双方五个孩子读书并住校，除学费住宿费外每月的伙食费零花钱等费用也不是小数目，这场错误的婚姻毁坏了我们美满的家庭生活，我父亲对她的三个孩子都培养成才，而她经常用心计来对我们哥俩，无奈的情况下我哥哥在初中毕业（1955年）后便参加了工作，于1998年退休至今过着撑不死饿不着的生活。我母亲离婚后一人独居在天津终于1965年秋患病，我便接到北京看病和休养，在父母离婚后的十二年后又能和母亲生活在一起，那段时间是我成人后最幸福的时光，但好景不长只有四十六个月就病逝于文革时期（以我母亲出身非红五类医院不给妥善治疗从不讲人道），享年五十四岁。在我成年走入社会后只和母亲一起生活了四年，遗憾的是时间太短占了，心中也没遗憾是我对母亲尽到孝心，同时对我岳父岳母也尽到了晚辈的孝心.

　　今天回忆起我父亲时，很多情景历历在目，在美留学就读于加利福尼亚州的斯坦佛大学，他是大学足球校队的守门员，在大学毕业校刊纪念册上有足球队全体人员的照片（此纪念册在文革被抄走而下落不明），他们一拨留学生也经常一起赛篮球，有时还打垒球这些事是我儿童年代随父亲接触到的体育项目。解放后，我父亲在北京绒线胡同的开滦矿务局工作，组织了九人排球队，中午在园内拉网打排球，下班后到育英中学（现在为北京25中）去比赛，他还是利华足球队的守门员（主力守门员是徐琪老师），与孙鸿年老师，孙鹏老师和酷爱足球的京剧演员-李宗义先生均为好友而他们也都是我国足球的老前辈，我从小接触的大人多为体育工作者或是体育爱好者，从小学到初中踢小皮球，55年考入24中后被选入少年足球队，高二开始了我的篮球生涯，直道高三毕业被保考去北京体育学院（现北京体育大学），在大学五年的运动专业学习为两年在武术系击剑专业三年在水冰系冰球专业。我能走上体育这条道路，确实是受父亲的影响，我从小到四十一岁来美国之前都是父亲负责我的生活和学业，自53年父母离婚后直到他老人家81年去世，我心里从没原谅过他，更甭提尽孝心了，我第一次也是最后一次请我父亲吃饭是我们全家移民美国之前，特意选在西城区绒线胡同的四川饭店，原因一是我们全都爱吃辣的而四川饭店的菜做得非常好，我从困难时期就开始在此饭店吃饭，原因二是解放前我二姑三姑婚后都住在这个第一套院的东西厢房，我们吃饭的房间就是当年我二姑住的地方，没想到此次吃饭和留影竟成了最后的回忆，在我到美国两个半月因病去世（因文革中受到极其残酷的迫害和虐待，摧残身心健康至病情加重所致），享年64岁。今天凭心而论的去评价我父亲的一生，除了第二次婚姻导致影响了两个家庭及子女之正常生活和前程，他的个人性格秉性还真是优点多于缺点，为人性格开朗，秉性耿直仗义，肯帮助人而且为人大方，心地善良，比如他对第二次婚姻对方的子女的教育及生活都很尽心尽力（他们三位都已退休，退休前为教授，医生，高职学校的教务长，第二次婚姻于54年出生的男孩在美国取得博士学位后就职于美国公司，他工作很有成效，可惜患胰腺癌前几年去世）。我自己的性格很多方面都随我父亲，但在发表个人观点和看法这方面，我嘴上没有卫兵站岗，会惹火上身，而我父亲比我要成熟稳重，我是过于毛糙给自己在文革引来许多无妄之灾。

俗话说：死了，死了，一死百了。今天我可以原谅我父亲的错误，长辈的错误所造成的后果我们没有为此买单的义务，也不应该影响我们这辈人之间的情谊，我来美后尤其近十几年经常电话联系，回国探亲访友时也会一起相聚，除了次女在美国我们不来往，她的性格随她的母亲，我们之间不来往我很理解，不能怪她，因我至今都不认同她母亲的这段错误婚姻，也从没认她是我的继母。子女不嫌母丑，我的态度也只能换来今天的结果。今天，我在这里向父亲在天之灵说句：爸爸，你毕竟抚养我成长，教育我成人，这养育之恩终生永记。您错误的第二次婚姻并没有给您带来幸福的生活，而带来的只是经济上的据结和精神上的苦恼，您也是凡夫俗子，毕竟您已经为自己的一时错选而付出沉痛的代价，我没有理由不原谅您，而且我是从内心里真心诚意的原谅您，希望您在天之灵能接受我这颗迟来的孝心。

我家的霸主和昙花一现

昙花一现

前幾天，吳彬的女弟子～張桂鳳發來的微信是她家的曇花開了，非常漂亮，一株曇花開有數十朵，真是讓我開眼了。也讓我想起二十

年前，我太太于1993年因工傷幾經手術後就在家休息，閒來無事就養花兒，貓和狗，我太太是對做任何事情都是非常認真的主兒，但她因身體受傷後做事多有不便，便經常指揮我澆水，

我就對她說："我能把妳養活了就不錯了，那花兒就您自己伺候吧。"還別說，我太太還真把這曇花兒給養得有模有樣的。

2006年夏初，幾盆曇花都有花骨朵含苞待放了，可晚上我們都要睡覺，無法親眼看到花開的過程，能看到結果也可以了，因曇花也只是一現，我們能得到的和看見的就是一"現"。

我家的"霸主"

我家老大的名字叫"咪咪"，但姓"常"，她要看病獸醫也要登記姓與名。她是剛出生兩個星期就來到我們家裡，同來還一只是她的兄弟，養了一段時間，她的兄弟實在是太淘氣了，只好退給人家。兩女兒一直說要養貓，剛開始她們兩還管清理更換糞便和貓土，後來就成了我們老兩コ的活兒了直到十九年半過世埋葬。

因是一小就來我們家，感情視如自己家人一樣，說是孩子但按年齡"咪咪"是我們家的老大，貓的一年是我们的七年，她在我們家活了十九年半就相當于我們人的生理年齡一百三十六歲半。我們家還有一只"爱斯基摩"種全白色的狗，是我朋友她在台灣～王永慶先生的公司上班，這只狗是別人送給王永慶先生的禮品經我朋友又轉送給我們了，一身白色特好看，但脾氣太壞，他需要人陪他元，我只能晚上帶他出去溜一溜，他生氣就搞破壞，後院種的玫瑰花被他咬斷，燒烤的桌腿和板櫈腿都給咬壞。貓狗不能在一起，它們隔着玻璃窗打架，雙方用爪子撓對方，結果，玻璃窗搞得髒兮兮的，最後，還是把狗送給朋友的孩子去喂養。

貓在家裡是老大，屋子睡哪間任她選，無論哪張床隨便她去睡，開始還和女兒們睡，後來，只在我們大床上睡，有時鑽到我們被子裡面，最後老到上不了大床只能在小沙發上睡了。

所謂寵物就是通人性，與人之間有感情，每次我們的車開進車道，貓不管在何處睡覺都會馬上跑到後門口樓梯那兒等着你（妳）進門。然後圍着你（妳）兩腿之間走來走去，親熱的不得了。

曇花是 2007 年秋末冬初，我收花到屋裡晚了，晚上突然降溫，結果把花兒給凍壞了，從此就沒再養曇花。把"聖誕紅"養了數年後也枯萎了，至今家裡已經沒有花花草草了，也沒寵物了，喘氣兒的就剩下我們老兩口了。

女儿的婚礼（上）

中国的传统婚礼到现在的闪婚也经过变化，百年前都是嫁女要有嫁妆，有钱人家的嫁妆那个丰富，除日常生活用品外，外加金银首饰甚至土地和房产。新中国成立后有所改变，慢慢由过去的"赔钱货"变为"捞钱货"，娶个媳妇儿快倾家荡产家破人亡。从五十年代开始就是两个人的被褥搬到一起就结婚了，六十年代开始是三转一响（手表、自行车、缝纫机和无线电），后来加上电视机，再后来又加上十二条腿儿（沙发、立柜、双人床）直到今日要有房子和汽车。

1981 年 4 月刚到美国时的合影

26

我们于 1981 年 4 月移民美国到暑假后开学，我大女儿入学三年级二女儿小学一年级，我们每天都在为生活奔忙，没想到二十余年一晃而过，我二女儿的婚姻问题排到日程上来。美国在婚礼婚宴方面与中国有所不同，东西方文化差异较大，好像我没见过像中国婚姻嫁娶那么俗套。房子双方自己买，汽车人人有，上班的必要交通工具，剩下的就是晚宴的花费就由

上学后的第一个冬天雪后合影

女方负担。我女儿說他们自己出这笔钱，我们觉得不合适，应该是我们出就一定要做到，不要让外国人瞧不起你。

二女儿的婚宴席开十一桌（实际上是十桌，男方的亲朋好友八桌，我们的亲朋好友两桌，位于中间一桌是主桌为新郎新娘和双方家长）。

【这些照片上的号码就是晚上婚宴的桌号，他们两就是在第一张照片背景上的地址租的住房（不同楼层），其它号码的照片选景全是在这出租楼院内不同的地方拍照的。】

我二女儿的婚礼仪式于 2005 年 6 月 4 日在维吉尼亚州春田市的教堂举行：

伴郎伴娘都是新郎新娘的亲朋好友来担当，第二张的伴娘是我的大女儿。

当我把女儿在教堂里于神父面前交给新郎，只能說是女儿长大了，可以独自飞行了，我们的责任也接近完成，该休息了，该自我享受生活了。

由神父主持婚礼，在上帝面前完成他们结婚仪式。

他们两的租房在同一栋楼里，曾相遇在电梯中，结缘于2001年"911"事件的那天，最终于2005年6月4日成婚。

女儿的婚礼（下）

　　在教堂举行完婚礼仪式，大家都到"希尔顿酒店"参加婚礼晚宴，从五点到六点是酒吧开始供应酒水，所有双方参加婚礼的来宾及亲朋好友一起交谈或和新郎新娘拍照留念，到六点晚宴正式开始。

　　我们全家和我太太的天津工业大学外语教研室的同事-张春生李贵华夫妇合影留念。

我们的朋友万其昌夫妇（右二和右一），John 黄夫妇（左二和左三）

我们的朋友岳钢夫妇（左一和右三）

我们的朋友原天津工业大学张春生夫妇（右二和右一）和姚刚

新人分切蛋糕给所有来宾

我们两个女儿与伴娘尽情在舞池跳舞，难得人生的一次欢乐时刻。

晚上六点婚宴正式开始，我们双方和新人入坐主桌，简单致辞后婚宴开始，先家长与子女开舞，跳过半曲双方家长和新人一起跳舞。

这张照片是婚宴的主桌，新郎和新娘及双方家长。

我二女儿的婚礼的吃喝玩乐诸项来宾都很满意，其中就酒吧的开放时间是其他婚礼从未见过的，一般都是婚宴前一个小时开始免费供选择酒，婚宴开始就把关闭。我女儿婚宴的酒吧从五点开始直到午夜婚宴结束。今日回想起来，可以说在平民阶层的婚礼创造酒吧开放时间最长的纪录吧！

哑巴吃黄连——有苦说不出

人都说：吃亏就是福，要看怎么说了，我这可真是有苦说不出呀！此事发生在四十五年前的文化大革命中，地点是王府井大街与金鱼胡同交口处的"中国人民银行"，要想细听此事的前因后果，待我慢慢道来。

引子

这要从文革开始说起：1968 年在"清理阶级队伍"之前。春末夏初的一天，我高中同学—吕X结婚，我和刘XX，李XX同去贺喜，因我们几个出身都属于黑五类，也无所谓仪式，就在"华北电力设计院"的职工单身宿舍里，喝茶，吃点糖果之类的零食，最主要是聊天儿，内容也不外乎是高中和大学的生活趣事与毕业后走入社会的种种遭遇，当问到吕X 的太太工作安排时，引发了我腔内的怒火（因她是原北京师范学院 66 年毕业生，在学校时是院女排球队队长，在待分配期间发现患有胃癌，手术后被分配到通县农村与农民"三同"，即同吃同住同劳动。），我当时就很气愤的说：这样做真是没人性，农村生活很艰苦，胃癌手术后需要调养身体，三同不是把人逼死吗？又对文革有议论，就是中央争权消除异己分子，下面就是群众斗群众——等等不一而足。谁想到我们中间一位与女朋友分手而被报复性的举报，在文革里，我们谈论的内容是被定为现行反革命分子，在学校隔离审查不得教课。所幸我的被举报材料没有移交到区和市，否则是何等结局，没人能预测到的。加上我父亲被单位整成是"北京间谍组织"的头目，原因是我父亲在美留学毕业后，爆发珍珠港事件，回国的交通中断便留滞在美国，曾为国民党空军来美受训飞行员作翻译，也为美国来华人员教授中文，学生当中有一名是李敦白先生，他是在解放区根据地工作，他在新中国成立后到文化大革命结束都在中央广播电台和电视台的国际部负责人。因此我父亲与李敦白及其他有历史问题的人统统打成美国特务间谍，受到非人类的虐待。我母亲也因出身问题，我父亲的问题牵连于1969年5月下旬住北大医院，因出身黑五类基本不给以治疗，到1969年6月10日去世，她当时之有54岁（我父亲因文革倍受虐待身体受损极大，在我们到美国两个月也去世，享年64岁）。

被坑被骗，实属无奈

1969年的清理阶级队伍开始后，因上述的言论而被学校隔离审查，直到"林彪事件"发生后我才解除审查恢复教学工作。我在当时是孤独一人，下班后无事可做，便约一拨儿朋友到各处赛球，有我们北体大的同学和学长，学弟及区业余体校的篮球教练，主要对手是工厂，也和中南海警卫部队——8341赛过，输得最惨的一场是与北京青年篮球队的比赛，我们得分只是对方的一半。我最不愿意和部队赛球，他们是球技差但作风过硬，被他们打得七荤八素，赢球都很勉强。学校的同事满热心的帮我找对象，可出身黑五类没人问津，躲还来不及谁还敢往前靠？每天就是上班，打球然后吃夜宵，有时找朋友吃饭小酌一番，一个月下来是囊中羞涩，当时还没有赚外快一说。母亲去世后还没有整理过家里的箱子柜子，加上手头紧，看看有什么东西可变钱的，真是苍天不负我这政治上的智障儿。我有一对明朝嘉靖年间的"人头罐"（不是赝品），我拿到王府井大街与金鱼胡同交口的"中国人民银行"去买，结果六块钱一个收走了，给了我十二块钱。后来我又找到古代调兵用的兵符一对，还有不成对的兵符及不知是哪个朝代的铜钱，直径约十六厘米，还是到了这家银行，结果是按废铜的价格收购，好像是三四块钱。另外的一件事：我爷爷与齐白石老先生是莫逆之交的好友，齐老先生赠给我爷爷很多字画及印章，临去台湾前夕将齐老先生的字画寄存我舅爷家（我奶奶的哥哥家），后因某些原因将全部字画交给当地派出所，所有经手人都已作古。我今日一想起这些事情，不知是成长的环境单纯还是自己太幼稚无知，现在只能用四个字来形容："欲哭无泪"呀！自我安慰一下吧：该是我的挡也挡不住，不该是我的莫强求。最后用三个字做一个自我鉴定；"败家子"。

圣诞节，全家逛纽约

在"帝国大厦"哈德逊河眺望新泽西州。

母女二人是商店橱窗的忠实观赏者。

罗克菲洛广场的圣诞树每年吸引国内外一批游客。

今年圣诞节过的满充实多彩，除夕夜由我原女八中学生一赵建民牵头组织共六家一起过节，除我们外，另外五家的男主人四位是北京男四中一位是济南铁路一中的老三届学生，他们的夫人两位是北京女八中其他三位是女六中，女士二中和师大女附中的老三届学生，算是在异国他乡的一次老知青的聚会吧。内容是三鲜饺子；韭菜盒子；稀饭和各家自做的菜肴和饭后甜点，边吃边聊不知不觉时间很快地溜到近午夜，虽未尽兴无奈只能散去，离我家最近也有半小时的路程，有两家要开近两小时的车程。

26 日大女儿和小女儿全家四口都会来了，顿时屋里人气上升，长时间的空巢突然飞来了大小鸟儿五只，不一会玩具已满地皆是，两个小家伙还拆开我们送给他们的礼物，爱不释手玩儿得不亦乐乎，把我们日常生活用品小至耳挖勺到大至痒痒挠和挂衣服用的钩竿都成他们手中打闹的玩具，兄妹俩相互追逐玩儿得高兴之极。女儿们和女婿就是想吃我们做的三鲜韭菜馅儿的饺子；牛肉馅儿饼；炸酱面；酱牛肉和鱼肉虾韭菜馅儿盒子，我们从早忙到晚总算让大人和孩子都吃到自己满意的中国食品，但最累的一天是全家去纽约参观"帝国大厦"。

28 日早晨吃过早点于九点全家启程开往纽约，到 33 街存完车才刚过十点，因是周末不堵车，很顺利就到了"帝国大厦"，但没想到等在楼外排队的人有两百多米长，光是进入楼内起码要等两个或两个半小时，即使尽到楼内后还要等一个半小时才能进到去高层的电梯，到了 86 层后外面风很大，吹得俩个小家伙嗷嗷乱叫受不了，在上面只待了二十分钟就等电梯下来了。出来后，孩子们是又累又饿，马上就近楼下的一家西餐馆就餐，饭后便驱车去"洛克菲勒"中心广场看圣诞树，将车存在五十四街，然后步行到五十街的"洛克菲勒"中心广场，人行道上的游客比肩继踵而在，真是寸步难行，我女婿肩上驮着外孙女，使我们容易看到的目标而避免走失。联想到去年秋天在北京及地铁和公交车，到任何地方都是人挤人；人挨人；人碰人；人踩人的情景。纽约是周末或是节假日时景点会出现人多拥挤的现象，马路也是车水马龙一辆挨一辆在爬行。洛克菲勒中心广场有近二十年没去过了，因当时没退休，只有周末或节假日才有空闲，要不是必须去我真是不乐意去纽约，因纽约是车多人多，路边停车很困难，得一张罚单少为几十多至上百元的罚款，停车场每小时也在$17-$20，记得 198X 年的圣诞节前陪朋友去看圣诞树，我太太的钱包被偷损失几百元。北京与纽约的人数相差数倍，再加上雾霾天气和其它方面的污染，的确生活在那里的人会感到不舒服。来美国后一直住在乡下，是人稀地广闹中取静的地方，生活得非常悠闲自在，一旦到了大城市对喧闹噪杂的环境很不适应，所以我不太喜欢纽约，一般没事我不会去纽约吃饭或闲逛，所以我对上中学时的一篇语文教材—陶渊明的"桃花源记"所描述的世外田园风光就更有体会了。

感恩節——在美國是闔家團聚的日子

在美國每年十一月的第四個星期四就是感恩節，這一天在美國是闔家團聚的日子，或是子女都回到老人家一起陪老人過節，或是子女接老人來家裡過節。

今年是兩女兒家都到我們這裡來過節，同時，我太太的大弟弟一家三口也由卡罗拉多州飛過來一起過節。這次也是我們移民美國三十八年以來親人最多的一次相聚，也是因為我太太身體不便做长途旅行，大家就都來到新澤西州一聚，我太太兄弟姐妹五人，我太太行三，她的大哥大姐和小弟均已過世，她的凱華弟一家人是她在這世上的唯一親人了。

擺在桌子上的是二女兒做的美國人吃的感恩節食品，兩位女婿都一致要求改革感恩節吃火雞為吃烤鴨，實際上我們來美國三十八年就吃過一次火雞，其余三十七年都吃的烤鴨和自作中國特色飯菜。

平時我的"寶座"此時已被女兒娘俩霸佔了，兩個小家伙進家後就是滿地摸爬滾打，玩得不亦樂乎直到肚子餓了才停止嬉虐坐到椅子上等待吃飯。

小外孫女最早坐在椅子上等待开餐。

左邊是我大女兒和男友（猶太人），背對鏡頭是我太太。桌子右邊是我二女儿及她的倆個儿女，正中是我二女婿。

烤鴨被兩位國際友人和女兒們風掃殘雲般的一掃而光，因猶太人不吃豬肉，大女兒將沒片的整隻鴨子和醬牛肉都“吃不了兜着走”。

六點半我開車去紐瓦克國際機場接我妻弟一家三口，他們因買票時間臨近感恩節，沒有買到直飛到新澤西州的票，所以是遲到的晚餐。

母亲节——阖家幸福欢乐的时刻（及續集）

我上次见到二女儿全家是前年的感恩节在维吉尼亚州的阿灵顿市的日本餐馆吃饭，我们都不爱吃火鸡大餐。去年感恩节他们来我这儿过感恩节时我在国内没能与家人一起过节。一晃就是一年半，再见到孩子们都变样了。

这张照片是 2017 年感恩节时餐后在停车场的合影。

外孙子是安静型的孩子，父母带妹妹去逛商店，
他就自己爬在咖啡桌下玩游戏。

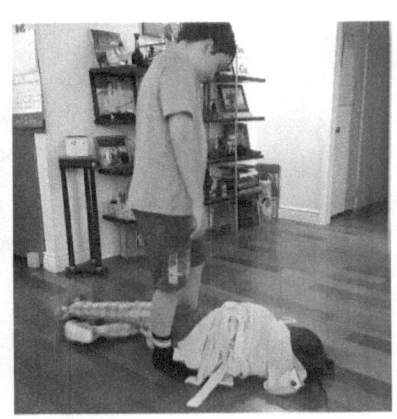

今天一进屋外孙女
在地上打滚儿并和
哥哥一起打闹。

　　女儿们怕我们做饭太累，就在中国餐馆订外卖，取回来吃很方便。因外出吃饭我太太很不方便，她不愿意外出所以只有买回来吃。吃完基本不用洗碗，孩子们跟父母身旁一起看电视。

　　儿女在母亲节回家看望母亲是妈妈最高兴的事情，她在床上躺了一个星期，基本很少吃东西，今天和孙男滴女一起胃口好一些，喝汤也吃些菜和炒牛河粉。病人的复原除了药物最主要是精神心情愉快，看见孩子们回来开心，屋里人气旺盛，屋里空间和角落都是孩子欢心嬉笑声，老佛爷心情自然就高兴。

结束了，母亲节之旅

　　午饭后，二女儿一家四口准备返回家中，本来路程需四个小时，今天是雨天，加上母亲节返程堵车那是必须的，他们在一点半准时出发返航，就这样到家也要晚七点钟左右。

　　两个孩子在离开前和姥姥一起合影，哥哥出生后曾和姥姥一起生活过六个月，和姥姥感情比较深。

　　去年回国探亲时给外孙女买的旗袍，今天才有机会给她，一件还合适，另一件却小了无法穿。

衣服号码小了，有机会再给外孙女买一件，女孩儿天生好美。

一年半的时间没见，两个孩子跟以前有很多的不同，我的女儿不让我们带孩子原因有二：（1）确实是照顾我们的身体，我太太已是残疾人。（2）隔代人照顾孩子都存在溺爱，形成习惯就不好改正了。两个孩子从一岁开始就是自己吃饭，从来没有人喂过饭，晚上到点就自己回屋睡觉，周末可以晚半个小时。电视可以看，节目内容和时间都有明确规定，所以，从小养成习惯，到现在已经非常自觉遵守。

这次又有新的内容：今早我给他们兄妹两人做早点，烙买来的葱油饼的半成品，还有猪棒骨汤的煮面条，他们吃的非常高兴，他们吃完饭各自去洗碗池冲净吃饭用具后放进洗碗机，由此可见，这习惯都是慢慢养成的，土豪的子弟不会有好的习惯，因其家长从小就没有受过良好的教育，而且大的生活环境也没有帮助成长过程受到良好的影响。我只能说是我的运气好，我没丧尽天良害过他人，老天爷也会照顾有良知的人，感谢所有曾经帮助过我的亲朋好友。

姐弟情深

我太太的大弟弟-凱華、淑榮夫婦和獨子-香山一家是 1996 年全家移民來美國，當時香山上高中二年級，畢業後進入"新澤西州理工學院"，在校學習期間正巧經歷了"911"恐怖分子襲擊，大學畢業後他就參軍了，軍營在科羅拉多州。那時，凱華夫婦倆都在紐約市曼哈頓上班，香山在 2005 年開往伊拉克前線作戰，他們二人便辭職搬家到科羅拉多州當起退休閒人，每天粘花惹草，招貓逗狗的生活，還提心吊膽挂念戰場上的寶貝獨子的生命安危。

自 2005 年從新澤西州搬走至今已過十四年，多虧 2017 年 7 月初，我去猶他州的鹽湖城參加全美擊劍錦標賽，我們二人開車去參賽路經科羅拉多州往南彎一下兒與她弟弟全家見了一面，那次是他們搬離新澤西州十二年的首次見面。

我太太于感恩節前兩天去醫院看醫生復查，到了醫院由車抱到輪椅上就吐了，早餐的食物基本上都吐出來了，在回來的路上就一直睡覺，進家後躺在床上一直睡到晚飯時間，但沒吃兩口又睡了。我給她測血壓很正常，只是脈博有點快，大女兒給家庭醫生打電話詢問如

何處理，醫生讓我們去醫院看急诊，我們覺得她是感到太累了，先休息一下明天再說。半夜，她說餓了想吃飯，我給她做一個醬牛肉的三民治，吃飽後也精神?了，看會兒電視就睡覺了。

鉴于我太太的身体状况，原訂在"皇都"餐館（感恩節的第二天）聚會只能取消，把訂好的菜取回家裡吃，既方便又不累，晚餐吃得挺好。

星期四五兩個晚上，我太太和弟弟一家三口聊得很熱鬧，直到午夜，我尤其對香山畢業後就參軍上前線打仗，從 2005-2009 年兩次去伊拉克一線作戰，人的一生難得有這樣的經歷，在聊天中得知現在打仗已經不是過去的戰爭的打法，以後再有戰争其結果就是國家滅亡地球毀滅，我想我不會再看到戰争，一切都可以通过和平談判來解決。

通過聊天得知美國軍隊與中國軍隊之間的區別，美國軍隊的軍人必须年满十八歲才可以入伍，美國是雇傭兵役制，服役期是八年，入伍時如果簽了三年的合同，那余下的五年是你（妳）欠國家的服役期，當國家需要時你必须回到軍隊報到。又如有特種技能的特種兵（多國語言，身懷絕技等），終身随時聽從國家

的召喚。軍人復員後，國家有各項不同的優惠照顧；如上大學國家提供四年免費，全美國的公立大學任你挑選。在求職過程同等條件優先錄取，

看病的醫療保險延用軍人醫療保險到 65 歲，66 歲自動開始用國家的老人醫療保險。總之，美國對軍人的福利制度規定是相當完善的，他們來的時間太短了，我尤其近幾十年沒與中年人交談過，我們的談話真是讓我長見識。在古來稀的年齡能有這樣好的機會，從國際形勢，地區性的常規戰爭及武器，國際發生的事件始末與內幕，國與國之間的政治貓膩，內容太豐富了，在此內容就不說了，不要給親朋好友帶來麻煩。

時不等人呀！一轉眼我已古稀之年，香山是一米八高兩百磅重的中年壯漢，他小時我被他媽媽當老獁猴用，他一不聽話他媽就說：“二姑父又來了”“二姑父又瞪眼了”，看今朝，不是我能再“瞪眼”的年代了，而是我讓香山給我這大忽悠說“傻眼”了。

一句話，政治不是我們老百姓玩的游戲，如果不信，那你（妳）不是腦子進水就是智障（經驗：我曾是“不戴帽子的右派”和“5.16 現行反革命分子”，後已平反。）

快樂與長輩的相會

過完聖誕節的第二天，上午接到我犇叔的電話，傍晚將和我焱叔、嬙一起來我家聚會，這是我們家近三十年首次有長輩來我家，這就是在中國的傳統大家庭裡會出現的晚輩年齡大于長輩。當大家看到照片裡的三位長輩如此年輕靚麗，的確，我們之間的年齡差距是十二至三十歲。

來的兩位叔叔是我四叔曾祖父-常蔭槐的孫兒，他們的父親是我四爺與我父親同為北平育英中學畢業，我父親班級高而且年齡也大于我四爺，他們叔侄二人幾乎是同期在美國留學，日本投降後回到中國。我父親是十七歲上高中時結婚，我四爺是留學之後結婚，加上這些客觀條件造成我們之間的輩分與年齡倒置的現實。

照片右側是我常焱叔叔，左側是常犇叔叔

　　作爲晚輩招待叔叔們吃飯有點兒過于節約了，叔叔們客氣了，我家裡有昨日包的三鮮餡兒燙面蒸餃和我的球友-老沈送給我的肉包子，我熬了一鍋大米粥，我又在日本料理后又買了一份壽司和一份撒西米（生魚片），叔叔們說：咱們主要是聊天兒。

　　晚輩坐着，長輩站在我們身後，顯得很不得體。一是我太太身體確實不能站立，二是長輩禮節周到，尊敬年長者。

　　這張照片的意義是常家曾祖父輩的大哥和四弟的後代在美國聚會的留照。常焱叔叔（後排中）在沈陽市經營自己的事業，每年的聖誕節都會回美國探望母親，陪母親過節。自上次回老家祭祖至今已過五年的時間，為了查尋我們這支常家的後人，焱叔與嬌兒無論是精力還是財力的付出很難用量詞來計算了。我與焱叔同屬大龍，也就是說我們叔侄二人年齡差是一輪。

常犇叔叔（後排左）在喬治亞州的亞特蘭大市生活和工作，八十年代中期來美國留學，畢業後在新澤西州的一家公司工作，很巧與我的球友-沈友成在同一公司的同事，到九十年代末，工作跳槽到亞特蘭大市，此後就在這裡安家落户了。再一次見面是 2008 年在我四爺的葬禮上，犇叔全家回紐約參加葬禮，在吃飯時我與犇叔一家人同桌，那年本书的孩子還是學齡前兒童，孩子過去沒見過我便問到犇叔："這爺爺是誰呀！"，犇叔以光速回答孩子說："不是爺爺，他是你大哥"，弄得孩子一頭露水。

朱星嬌嬌是我焱叔的愛妻，家居國內遼寧瀋陽市，是"遼寧僑藝"刊物的總編輯。刊物主要是介紹東北地區的華僑和海外僑胞的創業與愛國事迹，也報導他們家屬過去與現在的狀况，是一份很受歡迎的期刊。近幾年來她一直在寫有關"常家家族史"和婆家的"歐陽家家族史"，她與我焱叔數年如一日在為尋找我們這支常家的後代幸苦奔波着，真是蒼天不負有心人，二和三叔曾祖的後代還真找到了，基本上定于明年清明節所有在世的常家後人都回老家的"常家墓園"祭祖。

在美国对照看孙男娣女新认识

　　2007 年外孙出生，我太太在我女儿歇完半年产假上班后，帮助照看了半年到一岁送进日间托儿所。

　　在美国生活了三十余年，我们所看到和接触到的美国家庭，老人基本是不替子女带孩子，有时会因子女临时有事短时间的照看一下，为什麼中美两国老人对照看孙男娣女有着不同的观念？我想是两国生活方式与文化背景的差异，中国自古以来都是大家庭一起生活，老人都讲什麼三世四世同堂。而美国基本是以小家庭为单位的社会组合，只是在重大节日到老人那里去团聚。又比如生产后坐月子，美国女子不讲那一套，生完孩子就喝冰啤酒吃皮萨，我女儿也是生完就吃冰欺凌，我们跟她讲坐月子的注意事项，她有她的一套理论（产前有育婴学习班及阅读有关育婴的书籍）。

　　我们二女儿 07 年生老大时，我太太去帮了忙，前六个月女儿连休产假和带薪假，娘俩一起照看，当时找的日间托儿所要求婴儿年龄是一岁起接收，我太太又帮照看到一岁。女儿 09 年生老二时，她已不再需要我们帮忙了，产假到期去上班时，一起送到一家托儿班和幼儿班兼有的日间学校。我们也曾问过女儿："为什麼每天这么累还要自己带孩子而不交给我们帮忙？"女儿说："一是怕妈妈太累（我是2012年72岁才正式退休），二是我们离不开孩子而且带孩子的理念和方式方法也不同"，我今日才体会到隔辈人照看孙辈孩儿是喜爱有过而教罚无法，也就是比较溺爱也不利于孙辈们的成长，尤其现在的孩子走进社会后要经受来自各方面的压力，等到具备了成家的条件时已近大龄青年，而且等到他们想要孩子时，我们已是七十岁左右的人了，无论从精力和体力上已都是力不从心了，万一孩子磕了碰了时父母着急而我们则是后悔内疚，所以尽量不帮子女带孩子，特殊原因除外。如果在照看过程孩子出了问题，警察局会介入调查，如果是照看上的疏忽，那么被照看的婴儿父母要负责任而不是照看婴儿的祖父母，等于是老人的失职给自己的子女造成麻烦与伤害。

我二女儿从小就在美国，從小学一年级上学到今日，她的思维方式做事的行为过程全是美国程序，他们夫妇两人对孩子的教育从一小吃饭开始，按时睡觉，定时看电视，早晨按时起床几年下来就成了习惯，不用再多讲一句。

到暑假后再开学，外孙就是初中一年级学生，妹妹该上五年级了，一转眼就大学毕业念学位到社会闯荡。一定努力保重身体，看到外孙和

外孙女两岁生日穿上旗袍美滋滋的在屋里走舞台秀。

外孙女他们成家立业。

我有点偏爱外孙女，一小就是个鬼灵精，很像我二女儿的小时候、好动、脑子快鬼主意多，她的暑假作业在开学时被校长拿出来在全校展示。这兄妹两人每次来我们家，被惹哭的90%是哥哥，被罚的经常是妹妹，被罚也是乐呵呵的，太好玩儿了。

男人生日过九不过十，过否？

"过九不过十"是指男人过生日，凡是年龄逢十就提前一年过，今年我七十九岁虚岁八十。我们夫妇二人目前的身体健康状况都不适应外出长时间的聚会吃饭，所以正为是否办"八十岁生日庆生聚会"而举棋不定，今年不行咱就明年实足年龄八十岁再办，我就用图文并茂的短文来为我的生日祝贺吧！

这张照片是十岁在北京育英小学上五年级。

这是二十岁在北京体育学院困难时期58届击剑专业取消时的留念

三十岁，1970年文革期间被定为"现反"后结婚前的唯一照片

四十岁移民美国前在中国的
最后一张的正式照片

五十岁，在新泽西州南部海
边度假时的留影

六十岁我们全家人在照相馆
照了一张全家福照片

七十岁，我们夫妇二人参加
中国驻纽约领事馆的春节招
待会的留影

虚岁八十，两周前吴彬夫妇
来我家时照的相片，正是倍
受腰伤困扰时的病容。

　　没事儿看看照片，回忆过去：从儿时到少年，从青年到中年，从少不更事到逐渐成熟，从步入社会到成家立业，从抚养孩子到孝敬父母，从为生活奔波劳碌到送走了老人，从子女学业有成到她们结婚生子，我们也从满头黑发到两鬓发渐白。这些用口述也就一分钟，我用微信写出来也就五分钟，可这是我的一辈子呀！

　　时间是无情的，就像雕刻家手中的刻刀，把时间留下的痕迹都刻在我们的面容上。我们的人生经历是没有预演和彩排的，需要我们真真切切地面对，人生没有如果只有结果。人的命天注定，人一出生的命格就注定，不可改变的，唯一可以改变的是你的运程，所以我们常说命运就是这个道理。

意外的生日聚会

　　这两张照片是七年前于 1/2/2012 搬入的退休后买的新居，在室内和门外的留影，他们三家一起在三月来我家给新家"暖房"。他们三家都是北京老三届的知青，先生都是北京男四中的学生，我称过去年节一起聚会的家庭为"北京知青海外兵团"，这次又是他们三家一起来我家给我过八十岁的生日，让我们夫妇二人倍受感动。

　　寒舍门前合影留念，这是我们养老送终的最后一站地了。

王槿长（左一）赵建民（右一，女八中）夫妇；刘夢雄（左三）李波儿（左二，师大女附中）夫妇；沈有成（左四）谷寶珍（右二，女十二中）夫妇。

这次真是时运不佳，赶上我们夫妇二人都有行动不便卧床养伤病之苦，原本真不想麻烦他们，他们也都是七十岁的"年轻老人"了，今年的二月过春节也是沈有成夫妇和王槿长夫妇带着年饭来我们家一起过的年。

昨天上午十一点多，客人们陆续来到我家，除了七年前为我们新居暖房的三家外，还有从纽约来的王奋生赵秀爱（女八中老三届）夫妇和朋友-程蓓莉（上海老三届知青），可以說是老三届知青海外兵团的再一次的聚会。虽然大家都住在新泽西州，要聚一次虽說不难，但

也不太容易，因还有人没退休，大家见面后就开始天南地北的聊起来，气氛异常兴奋热烈，王槿长老师绝对是聚会里的催化剂，把气氛搅和的特别热烈，笑声不断。各家带来的冷热菜特别丰盛，边喝啤酒边侃边吃。主打是打卤面是谷葆珍主理，外加黄瓜丝，但我忘了剥点生蒜相佐。

聚餐最后一项是分享生日蛋糕，这个蛋糕是在中国糕点店制作的，既好吃又不太甜，而且外观好看。不知不觉间已近五点钟，有的人要开一个多小时的车程，有的乘大巴回纽约皇后区。王槿长说了一句话：我们再过十年，二十年还来给您过生日。不管这句话是否灵验，但让人听了心里暖洋洋热乎乎的，很具有正能量很给力的一句话，祝大家保重身体长命百岁！

希望你们的八十岁大寿我能去参加！

残障人士在美国的生活

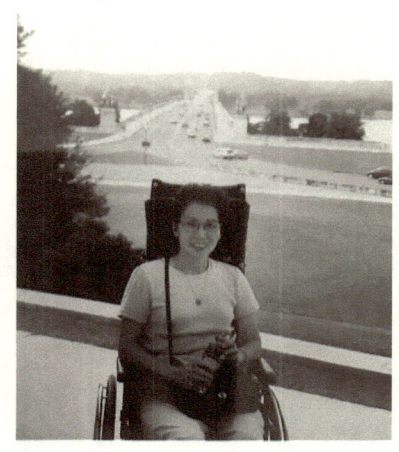

這張照片是我太太于 1992 年在班上摔傷後，第一次坐輪出游。我們是在首都-華盛頓的"林肯紀念堂"拍摄的，背面是维吉尼亚州，我拍攝的的地方屬馬里蘭州。

　　2003 年 8 月 13 号做完支架手術休息兩周就去上班，没想到進了辦公室被經理叫住讓我去醫院的職工保健室開證明允許恢複工作。我只好去找我的心臟科醫生開證明，開了一張休息三個月的證明。買兩張往返回國機票，探親訪友和參加母校（北京体育大学）的五十年的校慶。回来後還差一個月才能回去上班，干脆收拾行李箱直奔佛羅里達州的朋友家和"迪斯尼樂園"再玩儿一個月。

　　但是讓我绝對没想到的是推輪椅給我們帶來的意外驚喜與收獲，在"迪斯尼樂園"游客很多，每個景點入口處都是排長隊，當我們兩人走到哪儿服務員都讓我們即時入場。後來有的老外覺得我們挺守規矩的，因為是照顧殘障人士及他們的親属，我們到任

何景點決不帶任何與我們沒有關系的人。

這是一個景-大喷水池，由前至後幾十米長。

在"迪斯尼樂園"裡的〈動物王國〉展區的門口留影。這是依照美國的動畫片建設一個游覽區。上面的幾張照片就是來動物王國表演的車隊。

我這篇文章不是"迪斯尼樂園"旅游記，只能說是用照片解除看文章的枯燥乏味的心理。我因改革開放剛開始我就離開祖國，所以，對國内的殘障人士的醫療保險和福利等方面知道的不多。所以，我只能就我太太摔傷成為殘障人士之後的一些醫療和福利等方面寫出我的感受。

【1】不准許岐視殘障人士，法律規定，違反將受法律制裁：在美國所有招聘工作人員都有一定比例（人數）招聘殘障人士。

【2】公交車要有移動輪椅的設施和宣内要有輪椅停放安全區。

【3】殘障人士無論到任何地都不必排隊而優先進入或辦理。

【4】無論商厦、公司及一切公共停車區域都必须有殘障人士停車位而且是離進出口最近的地方。

我對有關殘障人士的法律責任與規定不是知道很多很全面，只是在日常生活中看到和被人家幫助過學到的。每次去醫院，當阿姨把我太太移到輪椅時就會有人來幫忙，當要過非自動門時就有人過來幫你打開門扶在那裡。我想這不是法律規定而是一個民族素质的修養問題，有些也是來美後在生活中逐漸完善起來的。

我太太自摔傷後，一切費用都由肇事公司負責任，官司五年才結案，肇事公司負責我太太因傷所造成一切後果的治療和醫藥費用。幾次手術過後我太太得到輪椅兩部，步行器三個，2017 年因她已經不能站立和行走，保險公司又給我太太一部電動輪椅。我太太現在用的病床與醫院用的是一模一樣的電動升降床。床上的一切用品，病人用的"尿不濕"內褲，床上用的尿不濕墊布及墊紙，我們清理污穢用的橡膠手套，我太太白天和夜晚用的尿袋統統是保險公司負責，需要時打完電話 24 小時送到。服務周到而且尿不濕的型號送錯馬上再送，型號不對的退給回公司不收，我們車房堆了近十箱尿不濕，不知何日才能送出去。

拍摄在花落时的照片

我家前面的一棵樱花树

在我家厨房那面的马路上照的，这段路两边都是樱花树，花开时甚为好看。

今天早晨送阿姨到小区门口汽车站回纽约市休息，清晨阳光明媚澈蓝的天空有几朵白云衬托的画面让阿姨兴趣大发，非让我在门前照相，所幸我走另一方向的路去车站，让阿姨看一下樱花树的马路。今晨的微风把大部分的花瓣垂落，我周二来回经过四次，花开得茂盛，清晨它遮挡了阳光形成马路上的阴影，阴阳分明加上两道粉色的花墙的景致太漂亮了，我想回家拿平板来照相，脑子生锈了，没想起用手边的手机先拍下来，才四天就成今日"花絮败落"的残景，凑合着看吧，就幻想一下是花开茂盛的樱花世界。

我家猪年輪的变化（2007-2019）

时间过的快与慢如何来衡量呢？按中国的老习惯，男人的生日过九不过十的话，我今年应该过八十岁的生日，昨天还是一个想母亲就逃学从北京回天津看母亲的淘气任性的孩子，今日我的外孙几乎与我当年是同龄，这就是时间快慢的答案。

可是这次的"猪年"之间的一个轮回虽说十二年，按人生路来讲是长，按经过的事来讲也可以算短。

2007 年我们决定回国过春节，移民美国已经二十六年，从没过过中国的传统的农历新年，所以回国在我太太的姐姐家（广东深圳市）过春节，那时候我太太能像以前一样的行走，虽然能看出与正常人的走路姿势稍有不同，基本上可以外出旅游。我们过完春节回美后不久得知庄则栋夫妇访美计划即将施行，先到罗得岛大学访问，之后来到新泽西州和纽约市访问。这次庄则栋夫妇的到访整体活动是由我的朋友-叶瑞玲女士负责整体计划的执行，她邀请我们夫妇两人负责庄氏夫妇二人的交通问题、各方面组织团体的会见以及午晚餐聚会诸问题。

庄则栋夫妇到访寒舍，尽情聊各自不同的人生经历。

首日晚在叶瑞玲夫妇家举行"欢迎庄则栋夫妇访问美国"晚餐会。

在纽约"美中关系协会"访问时与会长-欧文斯先生的合影。

　　两个"猪"年之间的十二年来讲，对我太太的身体健康是逐步好转，但毕竟是曾经做过股骨颈骨折手术，她的恢复就算不错了，从甩掉轮椅，丢掉双拐，离开步行器及拐棍儿可自己行走真是不可想象。从 2008 年-2014 年的七年中都回国探亲访友，每次都会在深圳打高尔夫球，也到处去品尝风味食品，她的身体和精神都很好。

王槿长、赵健民夫妇（右一右二），沈有成、谷宝珍夫妇（左一右三），刘梦雄、李波夫妇（左二右四）。三位男士都是北京男四中的毕业生，王夫人-女八中、沈夫人-女十二中、刘夫人-师大女附中。

黄石公园内的一景，天然景色美不胜收。

2014 年 6 月份我们去黄石公园旅游景点之一，就是路旁的野牛和熊。

在去过黄石公园之后经盐湖城乘飞机到拉斯维加斯赌城，
次日开车到"大峡谷"。

秋天又回国探亲访友，这是我们去青岛和崂山的照片。

2014年5月我太太的大学同学来美国旅游，我们先去了麻省参观了哈佛大学和麻省理工学院。在回家的路上经过康州耶鲁大学也顺道参观一下，一路观景聊天不知不觉几个小时的车程瞬间到家了。

我太太最后一次到朋友家聚会好像是2015年春天，因2015年秋季她做了股骨颈置换手术，手术后通过复健治疗，除坐轮椅外，还可以借助于步行器走上短距离的路。平时在家能坐轮椅或是借助步行器上厕所，所以，我决定带她开车去犹他州的盐湖城参加全美击剑锦标赛，顺路还可以看看她的弟弟，同时顺便接她的大学同学一起回我们家。

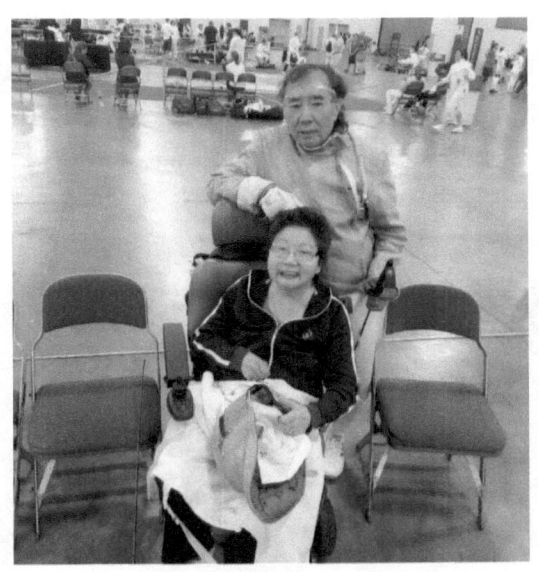

赛后领奖牌前的空闲时间的合影留念

回来后看了神经内科，医生说是身体免疫力减退，开始服用激素，但无济于事，我们又去中医针灸，稍有疗效，因冬季外出开车一个小时去针灸，对她来讲也是有负担的，所以冬天的治疗临时停止，开春再继续治疗。事出在2018年的1月一天晚上我去俱乐部去练习击剑，刚练完开车回家电话响了，我马上意识到出事了，结果她自己坐轮椅上厕所，有轮椅滑落到地上，去医院急诊检查结果是腰椎压缩性骨折。

　　从此以后她基本上就不能自己借助各种辅助器材进行走步了，我女儿们决定出资请人住家照顾她，为我腾出时间来进行锻炼的时间。这一年多以来逐渐适应了不能站立和行走的生活，每天从床到餐桌再到沙发看电视晚上回到床上周而复始的生活循环。

　　已经很多年没有一起过圣诞节除夕夜的聚餐了，中国春节的聚会也没参加，今年的春节我的学生赵健民夫妇和我的球友（乒乓球）沈有成夫妇他们于二月一号来我家一起过节，老沈夫妇做的海鲜馅儿饺子，太好吃了，赵健民夫妇做的红烧肉的确别有风味，以及凉菜还有烧鸭烧鸡等广东烧腊。

　　这晚上我太太非常高兴，已经多年没有在家与朋友们聚会了，她过去也是喜欢在家招待亲朋好友吃喝侃聊，在国内文革期间的周末她的同事来家里通宵达旦打麻将。次日回家后几位老师被夫人"审讯"一夜未归之始末，被审讯表现坚贞不屈的老师倒头睡大觉；审讯没过关者则负责家务劳动。此时在当年的天津纺织工学院的教师中传为笑谈，可能这就是"妻管严"的原始素材吧！

这张照片是 2019 年 2 月 1 号晚由赵健民的先生-王槿长拍摄。

照片右边是沈有成、谷宝珍夫妇。左边的是赵健民女士，她先生是我们每次聚会的特约摄影师。

我们一生能走过几个人生年轮，也就是七个或是八个（八十四-九十六岁），我太太已经走过了 6-1/3 个人生年轮，从体态到生存能力都有重大的改变，但她的精神状态挺好，每天都能高高兴兴的生活。既不怨天也不怨地，能够正确对待现实，她的这种心态对她的身体健康有着非常好的影响，祝愿他能走完人生的第七和第八个人生年轮。

我的"闪"與"骗"婚記（上）

回想在那個特殊年代裏（文革清理階級隊伍时期）談情說愛就是奢談，我要找對像也得找"資"字頭家庭出身的子女，說得容易，哪兒找去？當時，張立筠老師很熱情幫忙給我介紹是一位"同和居"飯店的服務員，說句實話，我觉得太门不当户不对了，正巧，对方嫌我出身太"臭"而作罢。

1971 年 4 月初，原北京体院击剑专业学长的母亲-查伯母來学校找我，我陪她到天津我太太家找她，不巧她与同事開摩托车去北京找我走岔了。她是我的学妹，低我三年田径专业跳高班的学生，十年前就认识了，互不来电基本没什么来往，也就是寒暑假有时一起回家。次日，我们见面后约定"五一"劳动节我去天津见面。

　　这张照片是"五一"劳动节在天津公园里的合影，也是婚前在天津的唯一留影。右起：我岳母、岳父和外孙、我太太的大弟媳和我们两人。

　　这次见面就初步决定国庆节结婚，为什么如此匆忙结婚，无法用过多的语言去解释，因"革委会"决定国庆节后再次将我隔离审查，当时我头上戴的是"5·16现行反革命分子"的帽子，这次不结不知等到何时？也许就吹灯拔蜡了。所以，就是速度，時間要快，国庆节是最佳时间，能"闪"就毫不犹豫的"闪"婚。二是不要多說與"闪"婚有关的原因，即有"骗"的的成分，也有善意的谎言在其中。

　　这张照片是在照相馆照的文革式革命的结婚照。

　　这张照片是婚後回北京在"中山公园"里的留影，身着文革时髦深色上衣，折折巴巴的浅色裤子。你们很多人没有经过那个没有人性的年代，當时我住在北京西城区刘兰塑胡同 22 号，房东姓贾，三位老姐妹，老大和老二都未婚是修女，只有老三结了婚有三个儿子，因說她是地主婆，街道把她和两个儿子（大儿子在天津 61 中教师）一起押回通县老家，一进村儿就被当地农民用锄头和镐当这两个儿子的面就给打死，真是惨无人道，說出大天也是毫无人性惨无人道。

　　这张照片是 1973 年春季在照相馆的合影，我们的女儿只有九个月大。

　　我们是 1971 年 9 月 25 日结婚，婚后不久，中央下达文件传达"913 林彪事件"，从此我就解放了，恢复上课，转年 7 月 30 日老大出世，我加紧办理工作调动，终于在 1972 年 12 月 26 日拿到调令到天津教师进修学院报到，1973 年分到一间住房，总算安定了，1975 年 8 月 12 日我们的二女儿出世，我们一家四口虽累但生活上也算得上是穷歡乐。一晃眼，该死的文革结束了，我的在文革里的问题也都平反了，到 1977 年底恢复高考，一切都在往前发展，可阶级斗争的流毒一直存在社会各个角落，我的出路在哪儿？

　　老二一小就比姐姐调皮，也比姐姐好动，冬季学滑冰，早晨吃完饭就去冰场滑冰，回家吃完午饭睡一小觉再去冰场，晚上还滑一场，很快就滑得不错了。

这張照片是 1980 年春节後照的全家福。

　　文革虽然结束了，但其流毒之深之廣是无法用语言能說得清楚，第一次调薪在最後給我调了讓你噁心，到业务职称就让你噁心到底，连讲师都不给你，这就更坚定离开这块可爱可怜的土地去另谋求生路。

　　出國前，我们来到我岳父岳母骨灰存放處做临行前的最后祭拜，他们二老是心地善良仁慈，严谨待己宽宏待人。我岳父在我们要结婚的前三周上夜班时，突然晕倒在地，抢救后脱离危险但右侧半身不遂，我岳父岳母坚持按原计划安排，婚礼照常举行。

我岳父岳母对我是非常照顾，有时帮我们照看外孙女，每月在经济上接济我，我家的缝纫机、电视机都是岳父岳母出资买的，而且每月都要接济我至少二十块钱。不怕你们笑话，我二作十八年所存的钱摺给了好友-王勇（我太太同教研室的年轻老师），打开后，王勇差点儿晕倒，只有五角七分钱，只能买一盒"牡丹"牌香烟。

我对岳父岳母的恩情无以回报，因在我们移民前已都过世，我只有报答在我太太的姐姐和弟弟们的身上。

【注】：（1996年他们都有美国合法身份，我可以告慰我岳父岳母在天之灵）

我的"闪"與"骗"婚記（中）

我的大女儿-常冰，在天津上海到小学上三年级，临行前与老师和班主任合影道别。

双方送行的同事及亲人们在等待开车铃声前的最后道别。

我太太的教研室同事-葛立斌老师（左一），也是教友和好友，他的夫人突然患重病-血癌，数周前刚料理完夫人的后事，今天还送行到北京。（中间一位是我太太的小弟媳妇）

我太太与葛老师和她的姐姐和弟弟们的合影于北京国际机场。

我们全家和我舅舅舅母合影于北京国际机场。

1981 年 4 月 8 日上午在進登机楼前與親人們最后一刻看看北京城，这个我经历风风雨雨三十五年的地方，就此一别，我在中国就一无所有了，也了无牵挂了，留下的美好的回憶人与事多于仇与恨。

飞机离开北京就晚点了，第一站是上海"虹口机场"，第二站才是美国西岸的旧金山，可能这趟航程只有我们一家是移民需要过海关时办理移民手续，我是用美国护照过海关直通。我太太和孩子每人都需要照相片按手印，全飞机乘客就等我们一家四口落座才能起飞。到东岸纽约已是 4 月 9 日凌晨一点左右，到新泽西州的萨米特市的家近 9 日凌晨三点钟，說会儿话赶快睡觉，因为过会儿就要开门做生意。

这张照片就是我们刚到美国与我二哥父子同住的四居室的独立别墅，我二姑（左一）从新泽西州的大西洋城开车过来，带我们出去吃饭。

71

我们的到来，我二姑三姑四姑三位长辈分别有新泽西州的大西洋城、加拿大的多伦多市和加拿大的埃德蒙顿市过来，在我们家的车道上准备送我三姑去机场回加拿大。左起：我二哥、我三姑、我大女儿、我姐姐一起去机场。

我姐姐的女儿和我的女儿们一起玩儿。

在国内我们两人在大学教书，女儿为要一个娃娃，我们都没钱给他们买，这次带孩子去"冒险家乐园"游乐场玩，我因来美前每天都打篮球锻炼身体，在游乐场我投篮球三投三中的头奖一一个大熊猫（左边），两个人非常高兴，直到我退休搬家才送人。

两个孩子在地下室将轮鞋学会，到美时正值学校放春假，我们还没有考取驾驶执照，不能外出远游，只能在家玩，我已经到姐姐的餐馆打工去了。

到夏天放假时，孩子们和妈妈一起去果园摘草莓。又大又甜，孩子们高兴的不的了。这样的生活他们在国内根本不会有的，清澈的空气，瓦蓝的天空，灿烂的阳光，这一切都会有一种美好自由的感觉渗入到自己的肌肤和思想深处。

美国是信仰自由的国家，我太太家的信仰是天主教，我姐姐的客人得知我们来自大陆，都愿意帮助我们，首先是金老先生夫妇做我的教父母，他们的儿子作为我女儿们的教父，在我们家住的教堂领洗。

当時我们刚到美国，既不会英语，又没有汽车驾照，出门只有靠"11路"来解决，我的二女儿从小就能折腾她妈妈，我太太也偏心老二，

走热了磨参她妈妈给她拿上衣，还要领着她的手走。

　　来美后首次过"感恩节"（即火鸡節）在我姐夫的五妹家裏，这是我们家第一次也是最后一次吃火鸡，实在是难以下咽，粗糙的火鸡肉吃起来如同嚼木柴，後来，连我女婿美国人也不爱吃，我们感恩节都是吃烤鸭和炒菜。

　　我们两人同时于 1982 年 2 月 1 日拿到驾驶执照，我们两在休息日开车到普林斯顿大学参观，校园与市区在一起，显得井井有条，真是闹中取静，大学的教学区宿舍区没有明显分别，校市和一可能是国外的一种形式。

　　1982 年底的冬季风雪很大，以致影响生意，全市的商店几乎都歇业，可我姐夫坚持开业，虽然生意不太多，没人上班哪来人吃饭？没办法，在这老板說了算。

　　我们于 1986 年搬到同一城市的联体别墅，我们住一个门，另一个门是我姐姐家住。正在"万圣节"前夕，孩子们都找自己要装扮的人物服装，她们都装扮老巫婆。

　　参加孩子们学校的节目表演完会，老二是从小学一年级开始在美国首受教育，老大是从三年级开始，基本上就是从小到大都是接受美国式的教育，我应该感谢美国的教育。

我的"閃"與"騙"婚記（下）

我这婚一闪一骗马上就五十周年了，从"闪"到"磨"到"過"，從"騙"到"任"到"忍"到"恩"，将近五十年的修炼落实到两个字"過"和"恩"。"過"是指时间"過"到底，"恩"是指行为报"恩"到终。"閃"與"騙"是开始是短斩的，而"過"與"恩"确是我们的永生受用。

在美国不同州的不同風格

我们移民到美国近三十二年，一直居住在新泽西州，第一个十年住在靠北部的萨密特市（Summit）。91年买房在密尔本小镇（Millburn），在这个镇子居住了二十年半，它是新泽西州公立学校排名第一，也就是大家所說的好学区，因退休在本州南部小镇—Monroe买的房子，环境幽雅安静，只是买东西不像过去那么方便，开车一两哩路就是商业区应有尽有，在这儿总要开出去少至五六哩多至少要开出十几哩的路程。91年买房子后才了解到此镇人均收入为八万余元/年，是个富镇，我们就算本镇的低收入户。镇中有美，日，法，意，中和墨西哥餐馆，高档服装店，食品店及超市，生活上是异常的方便，有去纽约的火车，临近78和24高速路贯穿本州东西，而花园高速公路则贯穿本州南北。

7月11日我们开车去维吉尼亚州二女儿家,因外孙子13日过6岁生日(我的生日是14日,一天之差),有了孙子自己就成了孙子,此句铭言我今天深深体会到其精辟所在。13日是星期六,生日庆祝会的地点在社区游泳池,炎热的夏天戏水是孩子们最喜欢的游戏,从下午两点到四点连吃带玩,大家都很尽兴,小寿星收到了大家给的生日礼物非常高兴。

第二天14日是我的生日,我女儿在邻镇——西灵顿的一家餐馆预先定了位,因上次没定位等了近一个小时,我们定的十点半,这时餐厅几乎客满,因为是星期日,美国人的习惯是吃大早餐,时间是早午餐之间,这天吃两顿饭。我们进去后由服务生将我们带到楼上,服务生身穿白汗衫黑裤子,而且白汗衫全是浆过烫平,在美国餐馆这样的服装要求是不多见的,也说明餐馆的品位较高,室内装饰大气而得本,豪而不华。来者吃饭的顾客着装谈吐也让人感到与众不同,我与女儿谈了我对餐馆及顾客的看法,女儿告诉我说:这个镇子的居民来自世界各国或是美国各州,而且教育程度极高,大多是人具有硕士和博士学位,它们之间的交谈声音适度而不嘈杂,这里不但环竟优雅而且食品美味可口,我是能不吃西餐就不吃的主,但对这的餐食我吃的还是感觉很可口。

这小镇也非常干净整洁，无论是漫步于街道还是在室外路边就餐，都有清馨舒适的感觉。

吃完饭已近中午，下午他们一家四口还要到我女婿的弟弟家给侄儿过六岁生日，我们就去邻镇的高尔夫球练习场去打高尔夫球，这个练习场在全美时排名靠前，场地规模大设备精良完善，击球厢分楼上楼下共有近五十个击球厢，每个厢都有桌子椅子电扇，吧台供应啤酒及快餐，可以在击球厢订餐饮，即可打球，吃饭喝酒，是周末和假日的休闲最佳选择项目，既锻炼身体又可以与朋友喝酒聊天。在这个场地即可以练习击球的远度，也可以练习击球的准确度，场地设有不同距离的圆形靶子，根据你击球的距离和球的落点离靶心远近而算得分，每二十个球计算一次得分，根据得分高低在全场排名次，非常具有刺激性。我打了近两小时才离开，我的成绩在当天从开始到我离开曾排第 33 名。我的七十三岁生日过得别具一格而不同以往，身心舒适，精神愉快，第二天周一都上班，我们开车返回新泽西州家中。

一出生就沒有中國籍的中國人

今晨在微信看到【在中国长大的"美帝"孤儿】后，感慨万分一时不知从何处下笔写出自己感触，我所性就将我要说的话用文字表达出来，很可能语言不够简练，敬请大家原谅，凑合着看吧也就是图个热闹，首先，怎么就一个好么哒眼儿的纯正中国大家庭出来一位美国公民？

一．【事出有因】

1938 年，我父亲当时在北京西郊的"燕京大学"（即现在北京大学校址）化学系念书，周末由家返校途中被日本宪兵抓捕至宪兵队，罪名为"同情抗日"，另我的两位姑姑当时在四川重庆读书均为罪名，我父亲是家中独子，为此，我爷爷动用了当时华北地区军政两界的要人出面担保我父亲后被释放，家中害怕再出类似的事情便立即办了出国留学到美国加利佛尼亚州斯坦佛大学化学系。

我是 1940 年夏季出生在美国加州奥克兰市，我父亲大学毕业时正是日本偷袭美国珍珠港引发了美国对日本的战争，回国的交通不能通航，一直等到日本投降后于 1946 年夏天由美国旧金山启程乘坐轮船回国。

二. 【从小学到大学毕业】

1949 年 9 月开学我在北京育英小学二四年级直到 1955 年育英中学（现为北京 25 中）初中毕业，高中时北京 24 中（原为大同中学），1958 年考入北京体育学院（现为北京体育大学）到 1963 年毕业参加工作。回想起来，当学生的时代，生活也是坎坎坷坷，一是当时的政治环境对我这个政治白痴，加上自己又是自由散漫惯了，中学时期被班主任个别谈话是有的，我加入少先队是在初中毕业前十余天，晚一点就超龄了，所以到了高中还踢了一年少年足球校队（我上高一时，24 中少年队刚获得北京市"五爱杯"冠军）。高中没入了团，可能因为我的一句怪话："进了书记的家门就能进入共青团的大门"。到了大学政治环境比中学浓多了，经历了大跃进大炼钢铁等运动，也是因为说话不注意惹的祸，1958 年是疯狂的年代，脑子一热就是一个主意一项政策一个方向一个运动，丝毫没有科学性没有科学理论没有科学实践，只是伟人一句话谁敢问对错？拍马的吹捧的急忙找理论根据证明假话是真的，错话是对的就连科学家都昧着良心说假话来证明伟人的一贯正确。可是我只是无意的两句话就遭到全年级的批判，等到五年级时已经是经过风雨见过世面的"老运动员"了。就这样，国家还是统一分配工作，我被分到北京，太幸运了，那年头我们这届毕业生 95%分配到东北三省而且分到黑龙江省又占总数的90%。几经波折总算有了接收单位——北京女八中，这个学校的校长兼书记是原国家主席王震将军的夫人——王季青女士，在日本侵华期间她是北京燕京大学化学系的学生，于 1938 年投奔延安参加八路军，她是我参加工作十八年当中遇到政策水平很高的领导，她以身作则，亲历亲为，她会收上各年级不同科目的作业亲自批改，知道老师们的工作量，我们学校的老师不是坐班制，她说：老师要教几个班的课程还要批改作业和备课，即使不来学校能完成工作量时间也是很紧凑的，他的威信在我们学校师生中相当高，仅举一例：在文化大革命中，各个单位的领导被揪出来批斗，并且用皮带棍棒惨无人道的抽打，可王校长被学生请上大操场的主席台时，因王校长身体很弱，学生们搬来一把椅子给王校长坐，这在文革中是绝无仅有的画面，当时如果有手机拍下来，这张照片绝对是一等奖，也说明王校长平日工作作风及处人待事都让师生敬佩。

就在有这样一位和蔼可敬的领导下工作我还犯了一个极其低级可笑的错误；那是 1965 年夏季暑假前的日子，一天刚刚下课我回到教研组喝水休息片刻，组长告诉我说党支部找我有事，我到了校长室进门后是我校副书记——李培荣副校长（一位将军的夫人）和我谈市教育局来通知让学校组织游泳活动，响应毛主席畅游十三陵水库，号召我们在大风大浪中锻炼，我与李副书记谈了如何组织以及时间地点等问题，结束后我便推开校长室的门前脚刚要迈出门儿，这时，李副书记突然问我一个问题：小常呀，咱北京现在有没有游泳是男女分池的？我嘴是又快又欠又损地回答了一句："有哇""什么地方？""王府井八面槽的清华池【澡堂子】。"真是和外行无法交谈，想起 1957 年的右派言论"外行不能领导内行"，这是右派言论吗？这是实话，是真理。

放完暑假开学了，到教研组内没有我的课表，组长让我去党支部询问，得到答复是：去到卢沟桥农场补劳动实习课。后来我问了同学才知道，我们 58 届毕业生根本没有任何一个人补劳动实习课，我又是被特殊照顾的对象。在农场里除了来自北京市各校的教师外还有 65 年待分配的大学毕业生，其实就是思想右倾，有一位是我们北京矿院的子弟，他父亲是教授，他非常聪明从小就喜欢看书研究一些与科学有关的实验，记得他自己装矿石收音机后是电子管收音机等，我想他会是因对社会的一些看法而成为有思想问题的学生被进行变相的劳动改造。

三. 【说实话的利与弊】

说实话给我带来的后果：（1）1957 年高二的暑假，教师们集中搞反右运动，我们暑假足足玩了两个月，高三毕业时，我的档案里装有我被定为"不戴帽子的右派"（文革期间，小脚侦缉队的大妈告诉我的，后经证实确有此事）。（2）文革期间在高中同学婚礼上的谈话内容被一位同学的女友（因而人恋爱分手的问题）密报到军工宣队工作组，我们几个同学分别被本单位隔离审查，最后被定为"5.16现行反革命分子"并停止教课。在林彪事件出现后，我已调到天津工作，原单位的工宣队到天津教师进修学院给我平反，整我的材料当众销毁（鬼知道是否销毁对我来说已经毫无意义了）。（3）我在工作期间是初入社会，全无社会经验，党支部让我们年轻教师向党交心，我便如实地把我的真实想法看法写成汇报材料交给党员老师，某日晚上我们打玩乒乓球后，一起到"四川饭店"小吃部吃夜宵时把我写的材料还给我并诚恳和关怀的语气对我谁说："小常呀，你太年轻，刚参加工作没有社会经验，你那实话能随便说随便写吗？拿回去撕掉，以后做事多用脑子想一想再做"。挽救我免遭在政治上犯错误，我在北京女八中工做的九年里，太多的老师真心帮过我，他们是我政治路途上的老师，也是我生活中的兄长更是我生命里的贵人和恩人。说实话在文革里遭到隔离审查，但在1980年我申请亲美探亲和重新申请我的美国护照时需要到北京美国驻华领事馆去办理，在我收到美国我姐姐和哥哥寄给我1946年从美国随父母回国时用的美国护照已经过期三十四年，必须从新申请更换新护照。我向教研室主任请假实话实说，我手持我的1946年护照到北京美国驻华领事馆与门岗的公安警察说明来意，公安警察让我到门卫办公室等候，他说帮我联系一下，过了一段时间（大约近半个小时）警卫回来说不能进去，如果有中国护照可以进去。回家后向我父母亲的朋友询问如何处理此事，最后取得稳妥办法，给总领事—布鲁斯先生写信陈述情况请求帮助，没想到数日后我收到总领事布鲁斯先生的回信，我拿这封信毫无阻拦的走进美国驻华领事馆，是总领事布鲁斯先生亲自接待我，告诉我更换新护照所需的材料，我临出来时布鲁斯先生亲切地跟我说："如果下次来时遇到任何麻烦给我打电话，我到大门口来接你。"以后又几次去领事馆交材料，拿我美国的新护照及办理我们全家移民美国的签证等等，都非常顺利。

后记：说实话办理护照让我免受牢狱之灾，此话怎讲？我拿我六岁时的美国护照到美国领事馆时不被门岗警卫给让到办公室等候联系吗？警卫打电话给北京市公安局报告情况，北京市公安局打电话给天津市公安局查询我本人情况，天津市公安局给天津市师范学院保卫处打电话查询我的情况，我院保卫处打电话到体育教研室找主任—王庆斌问询我的去处，王主任答复："小常和我请事假，他去北京美国驻华领事馆办他美国护照的更换事情"，如果我说假话的结局就是被北京市公安局拘留由我们学院出面领回天津或是判我有偷越国境嫌疑（因进入大门线内既是属美国境内），这是在文革流毒尚未肃清的年代里，说实话让我得到最大的回报。

我和韩秀的遭遇不一样，我比她幸运多了，起因就是相貌上的差别就已经决定活在这个扭曲的政治环境国度中其人生历程的结果也会有很大的差异，韩秀比我小六岁，我上大学时1958年，反右后的第一年，已经开始在录取时家庭出身是重要参照条件（当时只是在重点和军事院校），当时体育和艺术院校是提前招生，我被北京体育学院录取后，我拿录取通知书去问过班主任—陈宝琦老师，我本想等联考成绩出来后看是否能考取医学院？但我的班主任确说不必等了，你的家庭背景可能会对你的录取有影响，谁知道我听从班主任的话让我后半生生活愉快身体健康。看过韩秀的文章后，我发现她与我二女儿住在同一城镇，有机会很想能见到韩秀，因他高中在北大附中上学，我的朋友与大学的校友就在北大附中教书，回忆过去的经历对晚年生活也是一味很好的调味品。

从一张照片裏面引发的故事

事情发生在去年(25/11/2018 星期日)，在北京方庄的具有两百多年历史京城卤煮第一家的小肠陈卤煮店在京乒乓球友聚会时，我的朋友著名的国际摄影大师—齐大征先生在餐桌上发给我发给我的一张他曾参加朋友的聚会是餐桌上有一瓶印有国民党先总统-蒋介石先生照片，让我想起与我们常家与蒋家父子有关的几件事情：一是

酒瓶上印的是曾为中华民国老总统蒋介石先生的头像，

看到老总的头像想起我的两位姑父，他们两位是同期为老总统专机组的驾驶员。二是老总统的儿子经国先生是我爷爷和我二姑的挚友，在我们住在北京东城东总布胡同63号时期经常来我们家。三是在台湾于五十年代初，我大姑父因参与将共产党特工人员由香港进入台湾案件被判死刑，后经经国先生斡旋而活命出狱。四是我们家烧锅炉的李师傅（真实姓名不详）是党派到我家的卧底数年，因我爷爷交往人员政府高官较多，解放后，也曾以东城区委工作人员的身份到访我家，具体官衔不详，与我父臣具体谈话内容不详。

人生如梦转眼就是百年，上生述发的事情也近八十年了，我都虚度七十有九了，是历史的回忆。

再次急诊入院检查身体

昨天下午的五点钟左右来到普林斯顿医疗中心的急诊室，上次住院是去年的三月份，因在家站立要到餐桌吃饭时，突然摔倒在地，也就是从那次住院后，逐渐就不能行走与站立了。

这次来急诊是因为从星期六早晨开始就没怎吃东西，只吃三四勺饭就不吃了而且还恶心和呕吐，星期一她的家庭医生来家看珍，医生說从检查来看没有什么大问题，如果明天不好转就去医院急诊室做检查。她不愿意去医院，她说一移动她就要吐，所以我决定叫"急救车"去医院，虽說花几百块钱，我太太能在路上舒服些。就在"急救车"来我家的路上，我太太突然要去厕所排便，等轮椅推到厕所时为时已晚，多亏阿姨在两个人一起清理，换上干净衣物去医院，因急救人员已等在外面。

星期日晴晨三点多，我正熟睡她喊醒我說要去厕所，等到厕所她已经完成任务，我按程序逐步清理身，先用湿纸擦干净，再用温水洗净身上下体大腿，换上干净衣物，基本任务完成。然后我再去清理厕所的地上和便桶架子，都完事已经快早晨六点了，我已毫无睡意，只好到客厅看微信，到七点再睡直到十点才醒。

这里都是单人病房，蓝色的电话是双语，普通话和英语，便于和医生沟通了解病情。

从病房里向外拍摄。

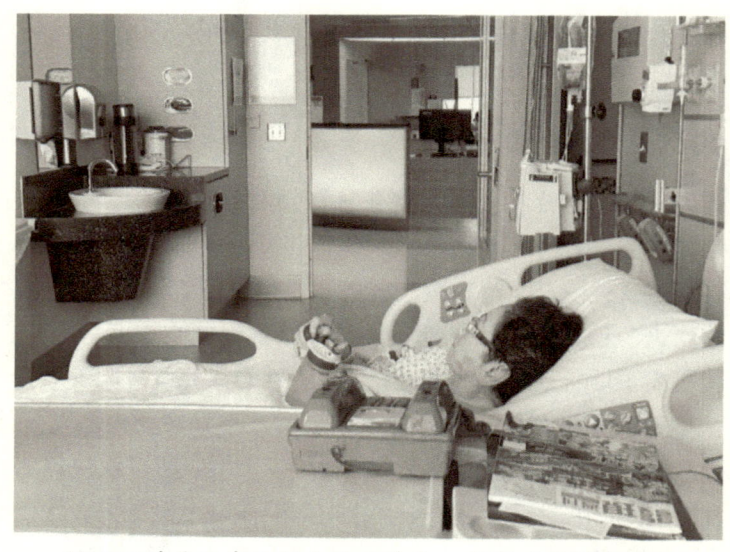

门口正对是医生和护士的工作台，有事呼叫很方便。

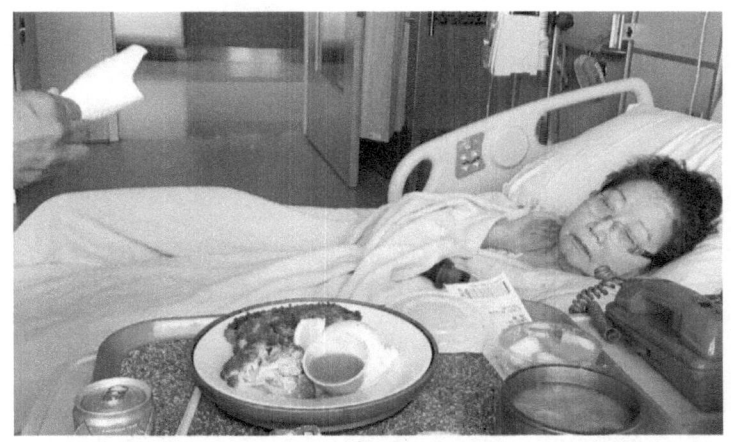

午餐，我一看就倒胃口，炸鱼排，蓝蓝菜花，
土豆泥，水果，鸡汤面和汽水。

最前排左二深蓝色是我的车，2009 年买的，已开了 115000 英里。

今天还不能出院，也没查出是么问题，只說是水喝的不够引起的
食欲不振和噁心，等着看医生最后给出什么样的结论。

四遊"急診室"

今天是十月四日，昨天下雨今日放晴，氣溫從前天的 33 度一下到 15～17 度，本來與老沈定好去俱樂部打球，在臨走之前接到護士來家復查我太太的身體健康狀況的電話，我只好在護士檢察之後再去鍛練。

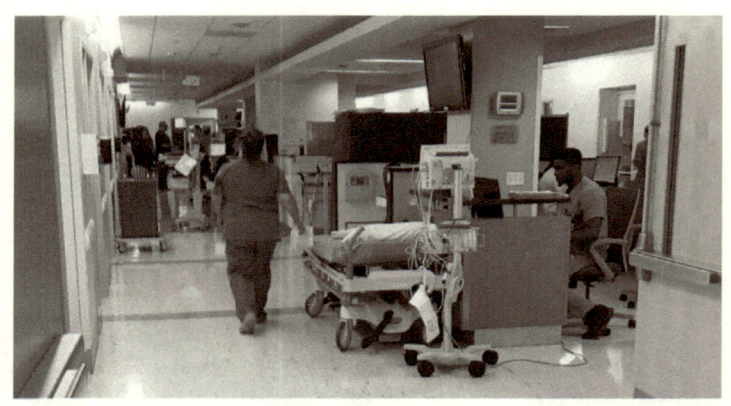

護士檢察結果：心跳過快，呼吸過弱，間隔時間過長，需要去醫院急诊室，這是在近兩年裡第四次進急诊室。

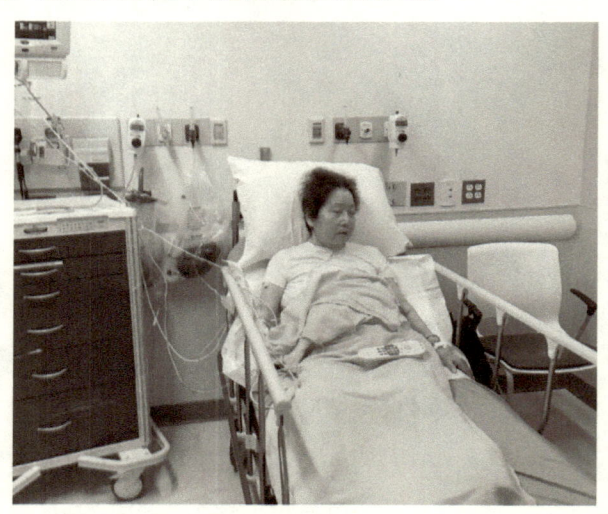

到急诊室後護士進行系統檢測，抽血六試管血爲常規化驗和重複兩次兩試管血的特殊化驗，心電圖測試，X 光透視，尿液化驗等多

項檢測都在房間裡進行完成。在等化驗結果出來後，醫生們再進行會診后決定住院還是是回家用藥休養。

我們來到急診室已经六个小時，護士又在點滴裡加藥，因血的化驗一個結果出來：血液已經開始好轉。現在等待其它化驗結果，同時，她被推去進行其它項目的 X 光透視檢察。

初步檢察結果：肺部右側有血塊，所以她呼吸就有不暢和間隔的問題，一会兒到樓上病房住院治療，醫生的意旡是藥物治療。

現場直播到此结束，後續追踪報道待明天美國時間午時播出，朋友們，再見！

四進"普林斯頓醫療中心"

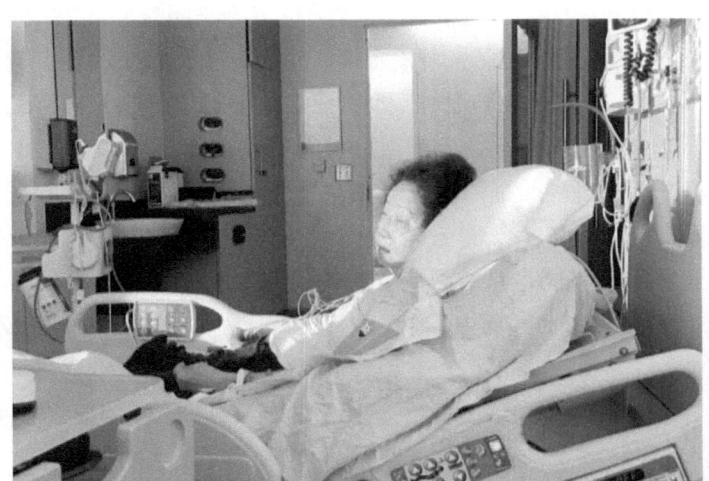

昨天下午五點由急診室到今天下午才到病房，趁她剛進入病房還没有護理人員來問詢病情時趕快抓緊時間吃飯，已經近八個小時没吃東西了，都餓暈了。

我在中國"美東"超市買了三個盒飯，我選的是"京都肉排"和"肉丝炒茭白"，味道馬馬糊糊了，餓暈了對味道的注意力就差多了，先吃飽再說。

飯後回到病房護士正對病人進行入生例行檢察，并通過輸液打進藥物進行治療肺血栓，其它問題等到明天再說了。

　　今晨我到病房時她在睡覺，後來，理療師來叫醒她，二人幫她作一些在床上的動作，讓肺部能有好轉，長期臥床和躺在沙發上造成肺功能的減退，容易形成肺血栓，即使出院定期理療師來家裡幫助她做練習，平時讓阿姨幫她每天都做些練習有助恢复。

　　能讓媽媽提神的是兩個女兒都來看望母親，老大（左）昨天下午就到急診室，二女兒今晨 9:45 離開家（维吉尼亚州阿靈頓市）下午 1:00 到醫院，我們也是難得凑一起吃飯。

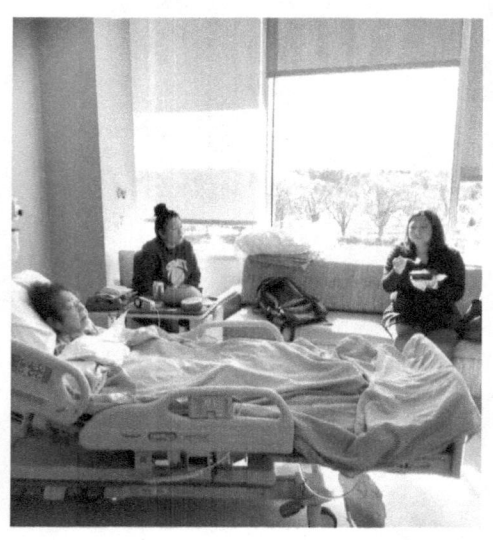

　　昨天入院後用的藥，通過化驗覺得療效不盡理想，今天午間再用藥時就換了新藥看看結果如何。

　　椐醫生講我太太可能在醫院要住上四到五天，要觀察用藥的效果，理療師的工作每日内容如何進行，我家阿姨也要學會，回家後每日的理療練習阿姨要天天幫我太太做。

昨天晚上出院回家了

　　昨天近午時，得知下午可以出院，我需要等藥房將我太太出院後五十天的用藥拿給我後便可離開。四點過後我們準備離開時，護士進病房告之我們她們已經聯系了客運公司，因實在忙時間會晚一些，爲了安全就等吧，晚上，我太太平安被送到家。

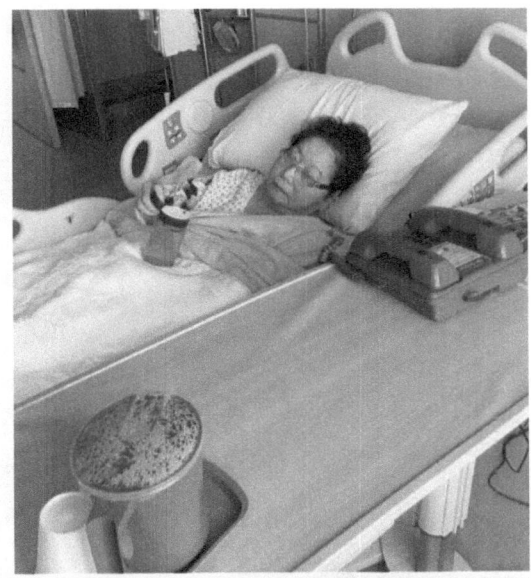

這張照片是今年 5 月 7 日因身體不適進急診室檢察，三天後出院無大碍。

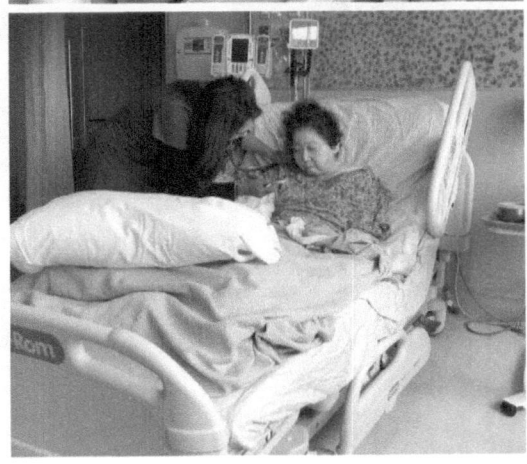

這張照片是昨天中午出院前檢察，一切正常，回家後繼續吃藥便血塊溶解，而且還有理療師到家幫助做康復治療。

89

　　兩次住院間隔五個月，從身體和面部神態都能看出來有很大的變化，我們這個年齡段已經不是以年來算時間了。

　　昨天出院時已經拿了藥，但醫生還給我太太一個醫院用的電動床，其實我家已經有一個電動床，美國的醫療保險不管以前你是否曾經擁有，他只按這次醫生處方行事，所以我們家已有四副拐杖，兩個步行器，三個輪椅（其中一個是電動輪椅），一個電動床。這張床是二十幾年前手術後醫生覺得她術後需要這樣的床則有助於她恢復健康。

　　下午三點多送電動床的公司將床送到并組裝好，我把我原來住的位置給她放新床，這兩張床是一模一樣，我再三個月也正式成了八零後了，住電動床是早晚的事兒，既然提早送來了也無妨。

再次光顧"普林斯頓醫院"的急診室

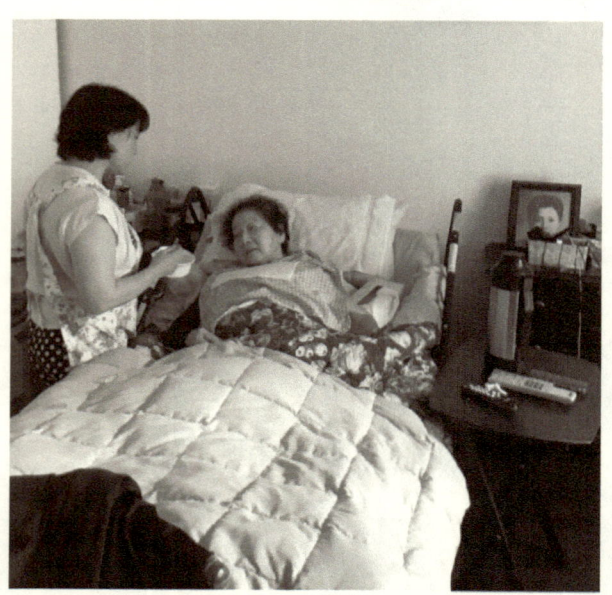

小檀兒今天早晨醒来，阿姨在餵飯時發現她的左手有點腫脹，而且她的左手臂和後背也痛，說話不是太清楚，語速慢，交談時反應遲鈍。

　　下午護士來到家裡做檢察時，體溫，血壓都很正常，脈博跳動稍快，左右腕測脈博跳有區別，護士建議馬上去急診室並馬上給急救站打電話派車，五分鐘車已到家門口。

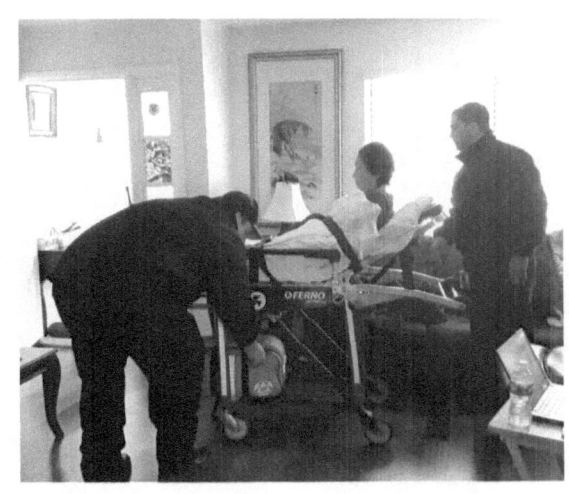

急救人員進屋後詢問病情，數分鐘後推進急救車直奔醫院的急診室，到急診室進行體溫、血壓、脈博跳的測試，在醫生初檢後又去 X 光室照胸片，因兩個月前住院因肺部有血塊，檢察血塊是否溶解？，也做了心電圖，這又推走去做頭部檢察，回來後，急診醫生與我大女兒通電話，把各項所做的檢察結果告訴我們：兩個月前住院因肺部有血塊，這次照相肺部已沒有血塊，頭部檢察發現內有積液，心臟功能正常，醫生說留下住院檢察如何產生的積液和除去積液。

我們經常對一些腦子一根筋的人稱謂腦子進水了！可是這次我太太還真是名符其實的一位"腦子進水的人"。

今晨再次光顧急診室

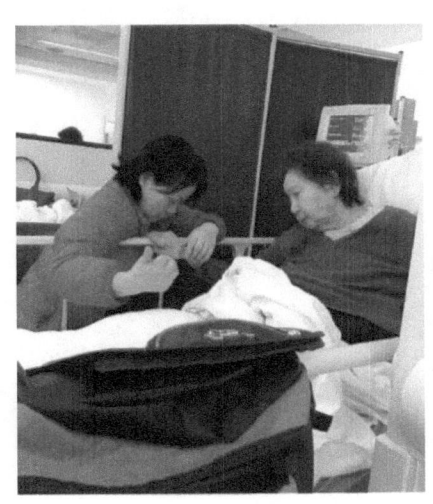

今晨我起的還算早，八點一刻就起来了，在準備早餐時刻我給老沈打個電話，因昨天我們倆的球打得挺累的，今天的球就不打了，正在通話時，阿姨喊我，讓我看一下她在給我太太洗和擦身的時候，發現她的尿不濕都被血染紅了

而且尿管兒和尿袋裡都是血，在這情況下就給她的家庭醫生去電話詢問如何處理？因從

未有過的現象，醫生建意馬上去醫院并通知急救車站，十分鐘急救車已停在家門口，急救工作人員問過病情後直奔"普林斯頓醫院"急診室。

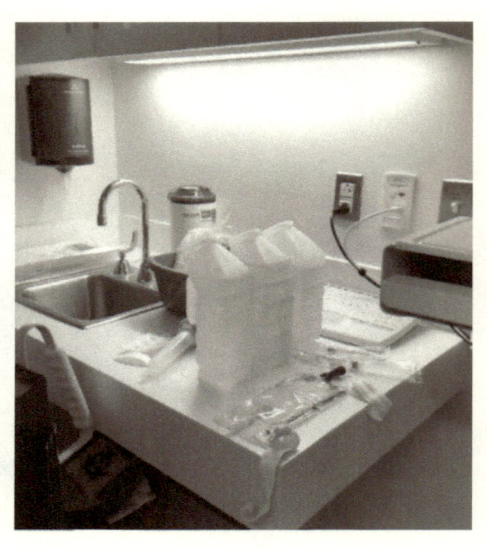

經過幾個小時的輸液和藥，等于是洗腎和膀胱，由尿袋出來的液體（約七千多毫升）已是近透明無色，等待病房清理完畢入住進去，待明日做腹部透視檢察出血原因。

這次來急診室與往常幾次不同，前數次來時都像讓霜打了似的，没精打彩的，眉頭緊鎖，食欲不佳，寡言少語。這次精神，食欲，身體感覺都正常。

精心細致的檢察找出病因

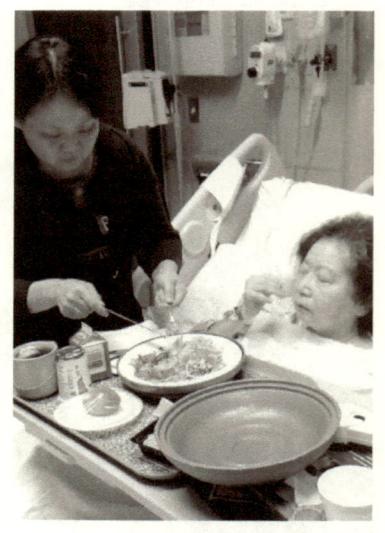

可這次我們是星期二（12月3日）下午兩點半左右進急診室，各項檢測測完畢后，從六點鍾開始等病房床位，直到第二天（12月4日）清晨五點半才移到急診室的單人房間，到下午才有了床位，進入病房已是下兩點鍾了。頭一次等床位用了一天的时间，馬上叫了午餐，總算安下心了。

阿姨喂她吃飯，我從中國超市買盒飯來解決兩餐温飽。

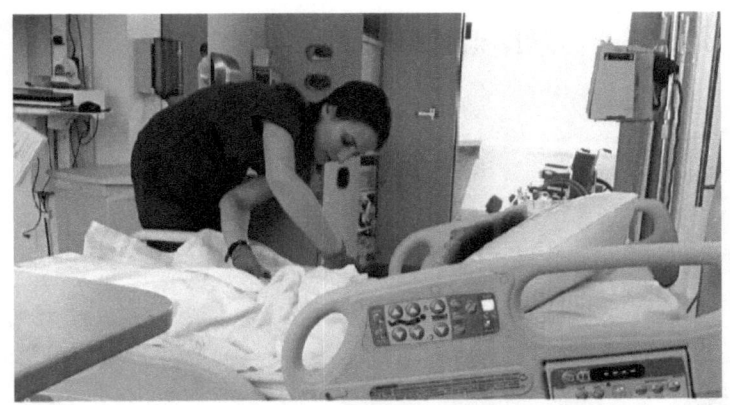

　　從昨天進入病房後，來一位神經內科醫生詢問我太太的病情及身體狀況，我們曾問過醫生有關我太太的病情，從驗血和胸片看，上次住院肺部的血塊現在已没有了。目前，我們正在等待醫生們對昨天（星期四，12/5）我太太照腦部 CT 的結果和治療方案。我女兒在與醫生談話裡好像是趨于"帕金森綜合症"的初期，只有耐心等待腦部掃描的結果。

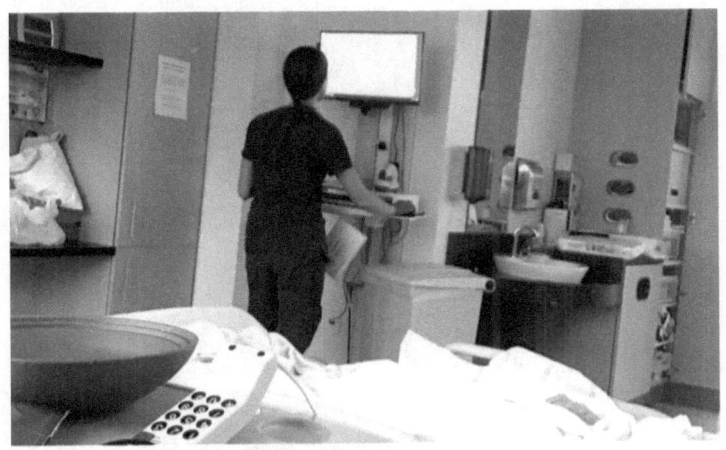

　　在這裡住院每次都是單人病房，所以，服務非常仔細周到，每個病房的電腦都馬上詳細記錄用藥的時間、名稱、劑量，不用出房間就把整個工作過程和内容不遺漏的記錄在案。

　　剛由醫生講述我太太的病情：腦子裡有積液且不用手術，保守藥物治療，待積液可慢慢被吸收。

首次沒有診斷結果就出院了

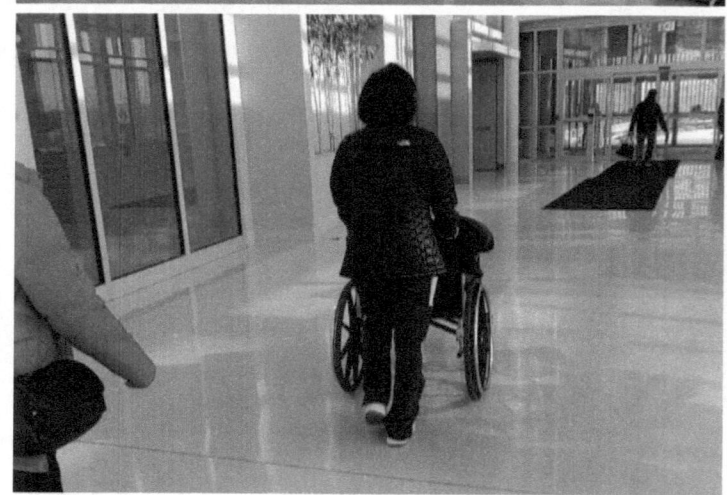

　　這兩張照片是“普林斯頓醫療中心”住院部的一層大廳，所有病人都要通過這個大廳走進接你回家的車輛，所有病人和家屬都願意走過這個大廳，說明患者病愈快快樂樂與親人團聚。

　　住院部護士推着輪椅將我太太送到汽車旁，阿姨將我太太扶進車裡，迅速駛離醫院結束兩天醫院生活。

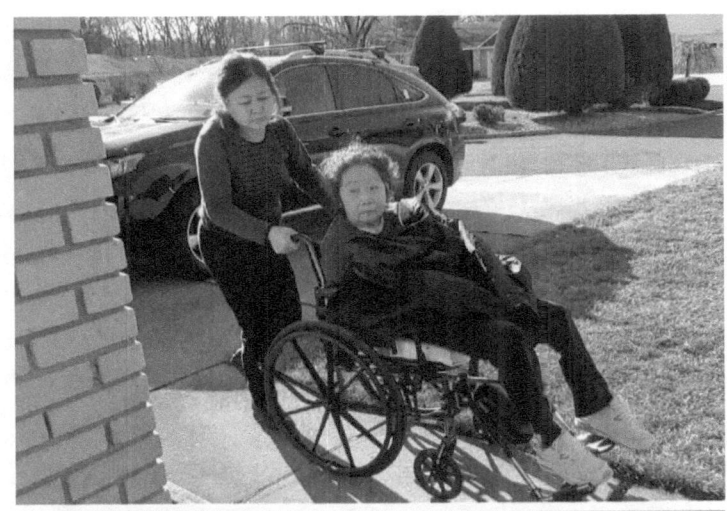

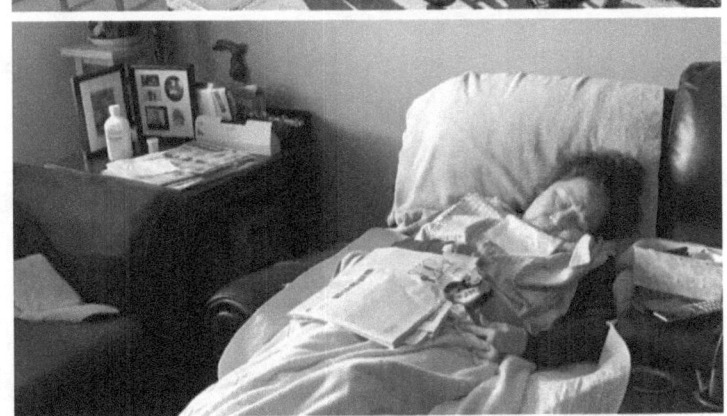

到家後，她感覺到餓了，阿姨給熱了紅豆粥。"吃飽了喝足了，誰說我也不服了"，連電視也不看就睡了。

趣闻—结果—出院

【趣闻】世界上每天、每个地方、每个角落都会有趣闻轶事发生，但我所遇到的趣闻有它的奇特性。发生的时间 2018 年—2019 年，同一个地方—普利斯顿医疗中心的急诊室和病房，同一件事—我与我太太的关系被质疑？

趣闻的内容：在急诊室一位男护士前来为我太太做血压、脉搏、体温等各项测试，他向我询问：她是你的母亲吗？我很客气地回答：是。阿姨问我：护士与你说的是么？我将与护士的问答内容说给阿姨后，只见阿姨双手掩面仰头大笑，

低头狂笑直到快失控了。晚些时候我太太被送到病房，转天上午大夫与护士来病房查询病人情况，同时也向我问了与昨天的同样问题。阿姨在国内没见过这种场面和如此玩笑的内容，这只能说明美国人看亚洲人的年龄根本没标准，可记得一位叫白燕的中国女士在好莱坞也成了明星，她有一对细米拉的眼睛却被美国人当成美女，看错男女的年龄也很正常。

【结果】两天的住院经过抽血化验，照 X 光检查胸部和腹部，可我太太还是不吃东西，其实，美国的医院病人餐真是难以下咽。虽然我们从家给她带饭菜，她也是没食欲，吃一两口就不吃了。我们一直等待医生的诊断结果，昨天一到医院就知道下午可以出院，回家吃药修养，病因：通过化验发现有炎症，在输液里加上消炎药两天后，她的尿液颜色由浑浊的桔红色变成了清澈的浅柠檬黄色。

今天早晨吃了半个菠萝包喝了一点玉米茸鸡蛋汤，稍有食欲已算不错了，下星期一她的家庭医生来家看病，下一部怎样还不知道，等医生看过再说了。

【回家】活到今日才深深体会到"家"就是安乐窝，避风港的真正含意。休养的最好地方就是家，熟悉的环境，也是生活里感到最舒服的地方。做什么事都非常方便，餐食也做的合乎自己的口味，尤其家里横躺竖卧很随意。

实际上对我有吸引力的家还有一个，就是充满大爱的，朋友之间的友爱，尤其让人永远凝记予心里的学生时代的特别纯洁的情谊。现在的社会很难见真情，正如顺口溜所说：现在哪有真情在，赚得一块是一块，走哪都要留心眼，千万不要多管事。越活越抽抽了，也就是越活越回椺了。让我的嘴安息吧！可以关心他人瓦上霜，但不要管他人瓦上霜。尽量享受蓝天白云、新鲜空气、净食洁水的安详晚年生活！

我們的醫療保險可否被引以借鑒

今天收到"普林斯頓醫療中心"寄來的賬單，這次住院只有兩天（急診室治療費用為三萬兩千多美金（折合人民幣二十二萬元），像我們倆人都是退休人員僅靠政府給的錢如果支付這個賬單之後，也就余下三四千元生活費用，可保險公司替我們付掉三萬一千八百多元，我們只付五百余元而且還可以分五至十次傅清。

所以，有了醫療保險就保證你即是有病也不會對你家的正常生活造成影響。我太太的醫療保險費用每月：【1】老人醫療保險卡每月$105。【2】聯合健康保險每月$81。這倆項保險費用都從我們政府發給我們的錢裡扣除。

在美国付賬單可以根据賬單錢數來決定你每月付賬的款數，甭管你欠外債多還是少，只要月月按時還就是有良好信用的人。

賬單是"RWJ 醫院保健站"寄來的，每個月或是出院後

保健站都會按時定點兒來到家裡給我太太做各項檢察，上次我太太因肺部有血塊及時住院而得到緩解就是保健站的護士在給我太太檢察時發現的問題。

雖然我們生活在腐朽没落的帝國主義國家裡，但這個國家的國民福利制度還是有可借鑒之處，我國是發展中國家，

是經濟總產值世界第二大國，七十年的社會主義國家在經濟和科技方面的發展和提高在世界上是有目共睹的，只是國民福利比資本主義還是有差距的，可否在這方面我們趕超腐朽的資本主義。

首次回老家祭祖

常家大院旧址

县志记载 1910 年至 1912 年，常氏住宅建筑完工；刘家管子屯常氏住宅是本地唯一的砖瓦结构建筑；住宅占地面积 10 亩，分四个院套，中间的两个院子为主建筑，大门为起脊门楼，大门两侧有平房5 间；厢房为起脊砖草房，正房为 7 间砖瓦房。四个院子相连，中间

以墙相隔，内有角门相通。青砖瓦房的砖瓦都是由乌兰屯北窑地烧制。常家大院昔日面貌已不复存在，现唯一留有痕迹的就是该院东北角一个矮房房梁露出的几块青砖和一段朽木。现在常氏住宅两个院子变成了公社党委和管理委员会的办公室，常氏住宅西院是医院；信用社、邮电等单位的办公室都在常氏遗留下来的门房和厢房。

我曾祖父兄弟四人，他老是大哥-常荫霆：历任黑龙江省青冈、木兰等县知事，绥兰、龙江等道道尹，黑龙江交涉员，呼海、齐克两铁路总办及黑龙江省政府参议等要职，与黑龙江督军兼省长吴俊升结拜为义兄弟，在黑省政界中成为一位有影响的人物；常荫槐是四弟，二弟-常荫敷在梨树县家乡经营家业；三弟-常荫恩长年在哈尔滨开设钱庄、商号等，常氏家族在黑龙江讷河县境拥有大量土地。

常氏墓地旧址

位于吉林省四平市梨树县刘家馆子镇的常氏墓地原址。在土改时期和文革期间，红卫兵到各生产队破四旧，常氏三座拱坟被毁，三块石碑被推倒、棺椁尸骨已无处可寻，仅遗存三个大墓坑。重建墓园时在墓坑左右寻到寥寥尸骨。

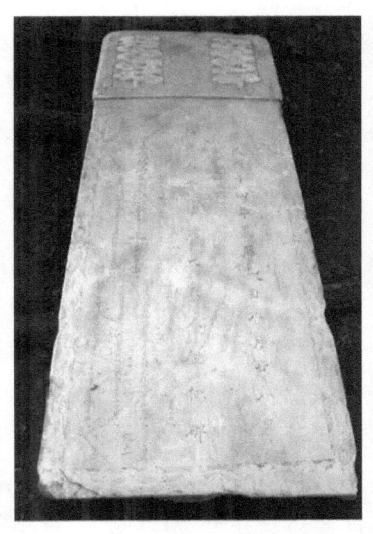

原墓地留存至今有三块碑：常荫槐碑，常父常殿元碑，常母张太夫人懿德碑，该碑碑质洁白细腻，碑体长约2.2米，宽约0.9米。碑额稍宽，碑额浮雕卷云纹图案。碑体正面正中刻写13个楷书大字："清封夫人常母张太夫人懿德碑"，右为立碑时间：中华民国十四年夏历乙丑八月廿八日，左为立碑单位：京奉铁路局。

從右起：我的堂叔-常焱（常荫槐之孙），堂姑-常磊，左侧两位常犇（堂叔），常晓玲（堂姑）。

99

原墓地留存至今有三块碑：常荫槐碑，常父常殿元碑，常母张太夫人懿德碑，该碑碑质洁白细腻，碑体长约 2.2 米，宽约 0.9 米。碑额稍宽，碑额浮雕卷云纹图案。碑体正面正中刻写 13 个楷书大字："清封夫人常母张太夫人懿德碑"，右为立碑时间：中华民国十四年夏历乙丑八月廿八日，左为立碑单位：京奉铁路局。

常氏墓地旧址之新貌

2014 年春，常氏后人在当地政府及家乡亲人的关注和帮助下，在常氏墓地原址上重新恢复修建了常氏墓园。在重新修建的墓园中，常荫槐嫡孙常焱先生遵循父辈遗愿，将后故于北京的常荫槐夫人常刘氏骨灰移至老家与常荫槐遗骨合葬，并于 2014 年 9 月举行了下葬仪式。

常蔭槐夫人-常劉氏

三座墓碑

这里竖立着的三座墓碑分别为：常荫槐父母，常荫槐二哥常荫敷，常荫槐夫妇。重新修建的常氏墓园虽没有昔日辽阔的占地及华丽的装饰，但常荫槐的后人以一颗平常而豁达的心态表述道："我们只是站在一个普通家族人的角度来给自己的爷爷修复墓地，让他们昔日因墓地遭受破坏而飘散的魂灵重新找回可以安息的家园。"

常荫槐的大哥常荫廷位于北京的墓地，三哥常荫恩墓地位于何方至今尚不清楚。

我曾祖父-常荫廷的墓地是在北京西郊温泉白家滩村，在那里常家有百余亩土地，曾祖父的墓园就在村里，院墙是灰色高有2.5米-3米，院门正对墓碑，通道两旁是松柏树。上面的照片是2002年3月24日立的碑，而且只有常琨彝一家人的名字。原来的墓碑高2米左右，墓园墓碑都是1935年建成的。原来的墓碑刻的名字包括两位儿子三位女儿，六位孙子，七位孙女的名字。据說1959年大跃进时代刨了我家祖坟，尸骨被扔到卢沟桥地区，我们家没有接到移坟的通知。

　　我从老家祭祖回京后到曾祖父的墓前祭拜，墓碑上刻名只有儿孙没有女儿孙女。

　　我是2014年9月24日乘火车去沈阳，因近几年乘高铁都是从北京南站上车，结果去东北的火车都从北京站发车，到沈阳比原定时间晚了，见到常焱叔婶儿（右一和左一）和常矗叔婶儿吃饭已是九点多了。上一次来沈阳时已是五十六年前参加全国击剑比赛的裁判工作。

　　次日用过早餐驱车前往老家吉林省梨树县，出了沈阳路经内蒙再进入吉林很快就下公路走乡间公路来到梨树县的刘家馆子镇。

　　在墓园外有县镇的领导来与常焱叔叙谈，我们非常感谢县、镇政府在重建常氏墓地所给予的大力支持。

我祭拜了我二叔曾祖-常荫敷和四叔曾祖父母-常荫槐、常刘氏并跪拜了高祖父母-常殿元、常张氏。

薪火相传，家事国事天下事

2014年春，常荫槐嫡孙常焱先生（右2）与梨树县博物馆领导田主任（右1）拜见县志编撰负责人赵国春老人（左1）了解历史，老人家颤抖的声音感叹道：有生之年能看到常省长的墓地得以修复是我多年来最大的心愿啊！"

　　2014 年，常氏后人在刘家馆子镇与镇政府领导及家乡老人深入交流回顾历史。

　　与县镇政府及侨联领导会后合影留念。

【四叔曾祖-常荫槐的公馆】

常荫槐公馆旧址位于大东区天后宫路万寿巷 5 号，现房为大东区委党派楼。2008 年被公布为市级文物保护单位，现为辽宁省文物保护单位。公馆建于民国初期，占地面积 3295 平方米，建筑面积 1696 平方米。这座公馆由主楼、门房、院墙、影壁墙等组成；大门是三个券拱式的门道，仿古牌坊式的中门，为歇山顶，正脊两端翘起鼻子，拔檐挑脊；院内设大花坛，有假山喷泉；三楼正中大门前檐半圆形抱厦，4 根水泥圆柱挺立，圆柱上端饰浮雕花叶，与二楼正中半圆形阳台组为一体，该建筑群体现了中西结合的特点。

周末骑游观览 "杜克莊園"

昨天周末，真是晴空萬里白雲飄浮，朋友沈有成、谷寶珍夫婦和王槿長、趙健民夫婦邀我一起去 "杜克莊園" 騎遊，我太太也很長時間沒有曬太陽了，我們夫婦和馮阿姨同去。

我們來美國在新澤西州也住了近三十九年，我還是首次聽說這個莊園，距離我家不到六十公里的路程，周末車少也就是四十五分鐘不到的車程。若大的莊園連

一個停車場都沒停滿，停當之後步行到自行車租賃處。

在這裡騎車為了安全都要戴頭盔，車都是 8 檔變速車，上坡時放到 1 檔很省力就可以騎上坡，出發前的合影留念（下圖）。

左起：王槿長，沈有成，本人，谷寶珍和馮阿姨。

開始我以為是住房，進去參觀看了説明才知道是杜克家族的倉庫，内存馬的飼料和馬厩。這是趙健民的攝影杰作。

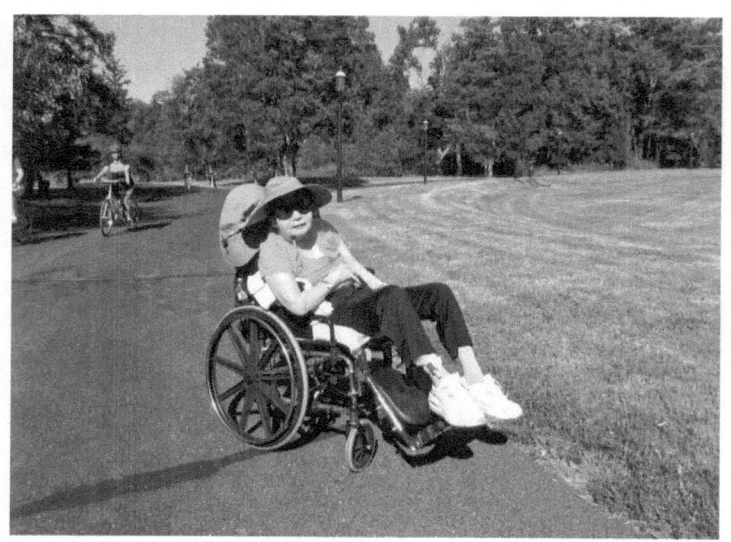

我太太一直由馮阿姨和趙健民負則推輪椅，近四個小時的户外活動對她來說已經足够了，還完自行車時她向我要止痛片，我知道她已經累了。

　　到停車處我趕緊取藥給"老佛爺"服用，並與諸位告別，感謝大家一起騎遊，今後有時間我還樂意到這裡來騎車和走路，自然環境優美，空氣新鮮。

學生時代篇

中学生活纪实

我与父母亲于 1946 年夏由美国旧金山回到北平。1952 年北京育英小学毕业，1955 年北京育英（25 中）中学初中毕业，1958 年北京大同（二十四中）中学高中毕业，1963 年北京体育学院（北京体育大学）毕业。1963 年北京女八中（鲁迅中学），1972 年天津教师进修学院（天津师范大学）。1981 年 4 月移民美国。

1955 年毕业于北京二十五中初中，但在考高中时因差 1.5 分没考上本校（北京六十五中）而被二十四中录取，巧的是二十四中少年足球队也刚在暑假获得北京市"五爱杯"冠军。入学后，我的年龄是十五岁零两个月就踢上二十四中少年足球队，也因为我所在的（三）班的一位同学是我走上体育专业的推手，他就是班里的军体委员也是学校男篮主力-周寿华（从长辛店的中学入学，他大我三岁，现已去世二十余年），是他把我领进篮球运动领域，可以说他是我的师傅，他的人生阅历的确比我们丰富多了。

高中一年级还是以足球为主项，但在周寿华的影响下已经开始练习篮球，虽然兴趣浓浓但比赛仍上不了场，直到高二一次班级全校篮球比赛，周寿华因校队有外出比赛，我偶获上场比赛机会，这是一场我参加篮球运动的首场个人秀，那天我发挥得淋漓尽致个人得分超过两位数，从此以后我就确定了在队中的主力位置，并在全校篮球比赛获得亚军。

这张照片是1959年初春节期间回校看望高三的班主任-陈宝琦老师（前排左三）是教我们"立体几何"。六十年前的照片，共来了二十位同学，五十年后（2008年）的聚会时照片里有八位同学参加。凭我的记忆吧二十名同学的名字写出来（从左到右）：

第一排：本人常叙庸、马毓麟、陈老师、梅孔祥、松振海、李文尧。

第二排：茹立生、黄霁、徐明勋、王雪岩、王宏生。

第三排：吴殿福、吴履信、谭庆云、李庆东、董春起。

第四排：谢蕴海、杨宝衡、阮培光、佟华龄、周寿华。

我们班的篮球队的五名首发队员：周寿华（中锋）、谭庆云（前锋）、常叙庸（前锋）、吴殿福（后卫）、谢蕴海（后卫）。

具体时间记不清了，好像是在高一下半学期，我们学校调来一位美丽的女士，我忘记她是政治课老师还是教导处的行政干部？她的名字-周冠军，曾是西南军区女子排球队的主力队员，退役后随先生的工作调动来到北京。她先生的工作单位是与我校一墙之隔的"中华人民共和国外交部"，所以他来我校工作是最佳选择。当年我校的中年及年轻教师和高中同学在课余时间都会在操场围观她的纯熟排球技术，对于这所和尚学校来说一位美丽动人的女老师意味着她才是这个学校的亮点。我的排球技术也是在她的启蒙传授中学会了基本动作，在高中三年中我基本上把三大球的基本动作都学到手了，对我今后走上体育这条路积累了优厚的技术资本。

最后，我想说一句话，在我十七年的学生时代，我们高一的班主任-陈家祺老师的板书字体是最工整最漂亮，你们谁还能找出哪一位的板书比过陈家祺老师？而且，北京足球名将在中学任教为数不少，我们学校的体育老师-赵长兴和梁振声二位老师，65中的化学老师-孙鹏，25中体育老师-孙鸿年，31中体育老师-徐琪等人，他们不但是北京足球界名将，也是华北地区和五十年代初的国家队成员。我非常庆幸当年二十四中有诸多的优秀教师，就我们所学的文理科的课程老师：代数-张立柱老师，三角-李君达老师，平面几何-安子厚老师，立体几何-陈宝琦老师。物理的力学-陈家祺老师，电学-董老师，流体力学的老师名字已忘记，化学老师我只记得一位是留学日本的郑姓老师，讲课语言幽默，但他的名字已忘记。俄语是洪涛和冯冷光二位老师，语文老师是黄才庚、王克伦二位老师，达尔文基础课是高二时的班主任耿廷阁老师，体育老师是足球界两位名将-赵长兴和梁振声。

左起：周寿华，李文尧和本人。

我们四个人住校并在同一宿舍。我们四个人在班上有一定的活动能量，准确的說应该是周寿华（绰号-黑子）和李文尧（地主）二位的影响力比较大。黑子的影响力不光是我们班而是全校，一是黑子的篮球纯属技术和场上的球风，在校队也是有话语权，二是地主在学校画画比较出名，他是我校美术老师-孙化民和侯长春的得意弟子，我们四人除地主是搞艺术我们三人都打篮球，我们几个人在高中三年里的学校生活基本上无人干扰我们。最后，在高三毕业时的评语鉴定被蒋志雄摆了我一道，他在小组发言时给我的鉴定评为"中"（当时评定分五个等级：优、良、中、差、劣），我反问根据什么理由给我"中"？学生守则规定不准吸烟，

吕 岳

你在家里和校外吸烟是否违反校规？蒋志雄說因为他有病，医生让他抽烟可以治病。我真不知道社会的不公平一直存在我们社会和生活中，因我们这一代人太天真，不懂政治，不知道政治是如此的险恶。到文革才知道原来不知是哪个该死的给我档案里装一份我是"不戴帽子右派。

我们班里是以体育成绩突出而闻名于学校，黑子就是我们班的体育品牌，曾为学校足球队有我和茹立生，李蔭浓，松振海，而且我们班还是全校篮球联赛的亚军，而且在学校田径运动会上也取得总分第三名的成绩（当时的军体委员是任志田）。但就在一个有体育品牌的班里竟有十位男生爷们儿愣装扮大土妞儿小姑娘

跳舞蹈-"十大姐""采茶扑蝶舞"和印尼的"盘燭舞"等（这十位兰花指近似小胡萝卜的是焦宝忠、李蔭浓、松振海、刘焕文、黄霁、王宏生、王雪岩、刘思平，还有谁来着，可名字忘记了），真给我们纯爷们跌份。我记得清清楚楚在一个新年晚会上，不知班里谁联系了友谊班（忘记是女十二中还是女四中）组织联欢。那天晚上很多同学都集中在我们四人的宿舍包饺子，故意拆联欢会的台，最后班主任派同学到宿舍来通知我么去参加联欢会，我们带着包的饺子去教室参加活动。

中学时代应该是最快乐最朦胧的时代，对社会和人与人的关系认知都在起步阶段，在对人的认识过程是要付出代价的，我所付出的代价就是钱和时间。我们兄弟四人，从年龄来讲地主是老大属老鼠，黑子行二属牛，吕岳行三属兔我最小属龙。老大毕业后考上中央戏剧学院舞美系，1963年毕业后分到沈阳军区"抗敌文工团"，当年这个团因演话剧"雷锋"而闻名于全国。老二黑子志向于文学只因考分偏低被北京煤炭学院录取，也因代表学院参加煤炭系统的篮球比赛队

员兼教练，球赛后就留在体育教研室任教了。后调到河南平顶山市体委任篮球教练。老三吕岳考上北京铁道学院，毕业后分到华北水利电力研究院（北京市德胜门外）工作，我和吕岳最后一次见面是五十年前他结婚的那天。直到我移民美国后曾收到过他的一封信，后来就没音信了，2008 年 10 月我们班高中毕业五十周年的聚会在北京。大家相互转告来了十五位近全班的总人数的 1/3，我和老班长-周育才都通过北京市公安局的朋友寻找得知吕岳和周寿华都已离世，我们哥儿四个就差老大李文尧，有的同学在连续剧的职工名单看过他的名字，可不记得哪部电视剧了，也想不起了剧名，我会想办法通过中国舞台美术设计协会去寻找李文尧的下落。

这张照片是 2008 年高中毕业五十周年的纪念日聚会，也是我移民美国后的第一次与高中同学的聚会，有十位同学超过七十岁，余下我们几位在班里年龄算小的也都六十八岁了。我把大家的姓名登记如下（从左至右）：

前排：刘清泉、【王雪岩】、杨宝衡、【刘焕文】【许中华】【刘思平】
后排：董春起、谢蕴海、贾德培、【梅永祥】【杨耀】、本人常叙庸、【王宏生】、吴炜华、周育才。

2008 年聚会至今十五位同学里又走了七位-王宏生、王雪岩、刘焕文、许中华，劉思平，梅永祥和楊躍，愿他们七位在天国可凑一桌麻将并一起怀旧。

从高中至今都有联系而且还有趣闻可谈的是杨宝衡老弟，我们俩是"门不当户不对"的一对冤家，在高中三年不明显，他是体质弱不喜欢体育运动但乐意观看体育竞赛，有时也会到我们四人宿舍来聊天。宝衡老弟的出身那真是根正苗红穷苦人家，解放前宝衡的大哥-杨宝麟和二哥-杨宝忠都是北平地下党党员，而宝衡的双亲是慈祥的老人，如果看过文革前的电影"回民支队"里的队长-马本斋的母亲，就和宝衡的母亲一样，连演员的长相都与宝衡的母亲很像。宝衡的大哥是忠诚而且严格要求自己和家人只优秀党员，真的就像小说里写的那样优秀，平常他大哥要求宝衡多看毛选的政治思想书籍。我在高中三年里，因学校与大华电影院近在咫尺，我除国产戏剧片（京剧、评剧、豫剧、越剧、粤剧）不看外，所有国内外的故事片一部不落的全部看过（估计也有百部以上），宝衡是我看电影的密友，这样到我们都上了大学时，周末我找宝衡看电影时，他大哥就不愿意他总和我在一起玩儿，因为出身太不对等，无产阶级与资产阶级是不可调和的对立的阶级。我移民美国后，近十年不但与宝衡有电话联系，也和宝衡的大哥通电话相互问候交流当前的思想状态，直言不讳地谈自己的三观求得大哥良言的教诲，我还答应大哥在下次回国探亲一定去看望大哥大嫂，谁知连这个愿望都没能实现大哥就仙逝了。仔细回想宝衡的大哥还真让我由心里敬佩他，对比今天党的干部，真是天上地下，宝衡的家人让我敬重一辈子。

我与宝衡认识至今已有六十四个年头了，我们俩由过去上学时看电影到成家立业，由纯洁无知到步入社会。从文革的浩劫到改革开放，从老的一言堂到当代。宝衡毕竟出身好，虽說全家文革遭劫难那也只是把分头剃成光头而已，可我的家庭除我被隔离审查，双亲最后都死于文革这场浩劫之中。但我与宝衡仍然是好朋友，正因我们两說话都很直白不说假话，观点明确毫不遮掩。我们俩的观点都没有错，他是知恩图报感恩戴德，我是理性认识明辨是非。如果我们俩的观点反过来，那只能說我们俩的脑子都进水了。因为我们俩都活不到自己观点得到证明是正确的时候，不如过好当下的每一天，珍惜我们在中学天真无邪时代结存下的友情更为聪明和现实。

值得回忆的大学生活

再过生日我就来到这个世界七十九年了，弹指一挥间快走完人生长征路程，目前我最想做的事情就是回忆过去童年儿时的幸福生活；回忆快乐的学生时代的生活；平心静气的回首看待和总结自己的过去，漫长的人生阅历留给我最有价值的财富——宽容，以这两个字为生活的准绳就会快快乐乐的过好每一天；没心没肺的过好每一天；没大没小的过好每一天；没羞没臊的过好每一天；没老没少的过好每一天，能有今日的心态是我在自己过去行走过的坎坷人生道路里领悟出来之哲理，也是与庄则栋聊天他替我提炼出的经典语句，我愿与大家共同分享。

1958 年进入北京体育学院（今日的北京体育大学），我们这帮没头脑没心计的青年人在高举"上大学三解放，抽烟喝酒搞对象"的大旗，昂首阔步地走进了高等院校的大门，我们入校后正赶上全国大跃进的形势下，体院也从过去的体育系和运动系改为六大系即田径系，球类系，体操系，水冰系，武术系和体育理论系，六大系下设几十个专业。我当时的选项是武术系击剑专业，自体院 53 年建立以来，我们可以说是首批击剑专业的学员，击剑教练有两位，他们都是我国击剑专业的老前辈一位是王守刚老师（曾获 58 年全国击剑锦标赛的佩剑冠军，曾任北京队和国家队的教练），另一位是黄占鳌老师（曾获 57 年全国击剑比赛花剑亚军 58 年北京市全民运动大会的重剑和枪剑冠军），他即是我的启蒙老师，也是我两年的击剑专项教练，从开始学习基本进攻和防守动作及步法，再经过数月的大运动量训练，初步了解和掌握了击剑的基本知识与技术。正在此时刻由教练和同学的要求与申请，经院领导批准我们可以去沈阳参加全国裁判学习班并在学习班结束后参加 58 年全国 25 击剑及技巧锦标赛的击剑裁判工作，在参加裁判学习班期间，因哈尔滨市击剑队是临时组队参加，领队兼教练是位花样滑冰教练—程先生，他来找我们的教练—黄老师帮忙，能否训练临时组建的哈尔滨市击剑队，黄老师由击剑班 56 级三名同学—刘中立，罗时望，查宏传和 58 级的我共四人去哈尔滨队帮忙，他们三人负责男子的花，佩，重剑和我负责女子花剑的训练，在我们四人的努力下经过短期的训练，他们在技战术都有一定的提高，在转年的第一届全国运动会的击剑比赛中，黑龙江省队男子重剑—于兆伦和女子花剑—马春香都取得了较好的成绩，他们在以后的几年还参加过国家集训队的练习。在一年级就有这样的学习机会实属难得，不但在学习班学到了击剑裁判知识和当前击剑技术发展的状况，还有把理论变成实战的实习机会，真是受益匪浅而不虚此行。

一年级下学期是 59 年，也是建国后第一届全国运动会于 9 月开幕，它是体育事业在 59 年的头等大事，同时也是中华人民共和国的十年大庆。下学期开学不久，我们被派到 59 年全国射箭锦标赛裁判组做裁判，又多了解一项体育项目，这个项目在我国也有上千年的历史，即使民间体育项目，也是生活中狩猎工具，也是古代战争的兵器。射箭锦标赛后又参加了"中波射箭友谊赛"，到暑假就去第一届全运会报到参加了射箭项目的裁判工作。全运会结束后，由国务院副总理，国家体委主任贺龙元帅在人民大会堂的宴会厅宴请所有参加第一届全运会的运动员，裁判员和主要工作人员共七千余人参加，这是我这一生参加唯一的一次国家级的宴会，遗憾的是经过文革我的那张宴会请柬和宴会的菜单遗失了。

全运会结束后再开学就是二年级了，我们去参加劳动锻炼，地点是原昌平县的秦城监狱，每天都是夜班干的是清理和铺路等简单的体力而没有技术含量的活儿，直到有一天系领导决定休息一天并和公安部驻防部队进行一场篮球友谊赛，我赛完球后到各处溜达一趟才看清楚我们每天晚班干活的地方是囚犯放风的地方，才知道我们是在监狱里干活，后来我们就白天干活了，紧挨着我们干活的是一帮年龄约五十岁左右操着南腔北调在讲话，休息时他们有的躺着有的坐着看报刊杂志，收工后回到大工棚似的宿营地吃饭，伙食还不错，吃的是馒头和骨头汤熬白菜豆腐，他们只能呆在宿营地并有士兵持枪站岗，原来他们是国民党军队的高级军官和政治犯，他们就是秦城监狱的首批住客和监狱的建造参与者。

1960 年，二年级结束前，击剑专业有所调整，因我们使用的金属剑造价较高，教学费用太高，各年级都裁人，我们班十二，三个人，每个剑种只留一个人即三男一女，说来也巧四个人全是讲上海话的沪籍学员，而且我的教练员也被调离北京体院到市里的男五中教课。我转到水冰系冰球专业，两人转到田径系，两人到预科教文化课（语文，化学）其余的人权转到武术专业。暑假我们去"1960 年全国青少年游泳锦标赛"大会作裁判工作，住在永定门外的农民招待所（因离比赛场地—陶然亭游泳池很近），裁判们来自全国各省市自治区，在吃饭时来的菜有一道菜是炒苦瓜，北方人还真没尝试过苦味道的菜肴，广东来的裁判们与我们交换，以红烧肉来换炒苦瓜，这让我想起 59 年在做射箭裁判时与青海队同桌吃饭，他们不吃海鲜所以每次烹大对虾都给了我们而大饱口福。

三年级一开学就抓了上冰前的陆上训练，因这个冬季北京体院将参加全国冰球乙级联赛，事前估计我们有夺冠的可能，11 月初就到了吉林省长春市集训，当时全国已经是三年自然灾害的初始年月，当时的吉林省副省长—张文海酷爱冰球运动，尤其对老北京队更是钟爱有加，爱屋及乌我们院队也与他们省队是同样的就餐待遇，在赛前的训练中大家极为投入，我们是首次参加全国比赛，兴奋点极高身上有使不完的力量，训练结束回到更衣室后连脱护具的力气都没了，全国比赛即将开幕前夕国家体委下达通知，因天灾人祸造成粮食减产歉收，停止一切全国性比赛，我们全队返回北京渡荒年。直到毕业前的最后一个冬季，国家形势好转，北京市体委组织冰球"跃进杯"全市冰球联赛，我们参加了这次比赛，连春节都是在学校过的，集训期间到运动部食堂吃饭有鱼有肉牛奶而且菜量也大，这在当时是全国亿万人向往的生活，奢侈的餐饮。经过几轮的激战，我们终于在技术略占优势下，以无比的充沛的体力夺得冠军，给大学的五年术科学习画上了完满的句号。

　　当年五八级击剑班的合影，差两个同学—马正山和张俊民，我们在五道口商城里的餐馆吃的散伙饭，饭后并合影留念。照片里三人归西，两人失联，陈家珍和我正在"漫步八十乐逍遥"。

　　照片里只知道后排左起第一王燕平老师因心脏病于四十岁左右就去世了，其它同学都是六零届，他们毕业分配去除不详，后排右一张振祥在北京师大，两个月前我回国探亲访友时，我们一起在"同春园"饭庄聚会，前排左二于文学在中国戏校。

傻了吧唧地度过政治难关

上面写的内容基本偏于"过五关斩六将"的味道，这篇我想写一下算是"走麦城"之事，在那个年代我还算有点儿代表性的类型—生活尚不能严格要求自己即生活散漫；思想上没积极靠拢织对自己没有高标准严要求；在术科（技术课）学习上是积极认真，凭借自己的小聪明在五年术科考试均为"优"，但刻苦精神不够；在当时的年代可算是"只专不红""走白专道路"的典型。我这样的学生不能说少，纯属"傻直憨"的政治智障儿。

58 年正处在全国大跃进的形势下，口号声声震环宇，大有一天成为世界强国之势，开学后进行了分系选专业后不久就参加了北京市全民运动会的击剑裁判工作，北京市全民运动会结束回到学校放下行李马上投入"土法炼钢"，不知道当时是哪路神仙脑袋一热，用泥打成砖坯垒成小高炉用劈柴棒子烧火把捡来的废铁等物件扔到小高炉里去炼钢，那时的人的头脑都进了水，一点科学常识全无，问题是谁敢有科学头脑？连夜的干弄得我们人困马乏头昏脑涨，我有点支持不住了便向领导请假回宿舍休息。小土高炉群炼钢结束后，各系把炼出的成果摆在院中展示，我们武术系是人数少的小系（只设举重；拳击；击剑；国际摔跤和武术），成果只有一小堆像烧锅炉出来的炉渣子，我多了一句嘴：咱系没黑没白得干就炼出这点炉渣子。也不知哪位线民或狗腿子汇报到系里，等待我的是年级批判大会。我是大错少犯小错不断，这只是开始。

三年级开学后，我们到通县牛堡屯去劳动，开始让我去放羊，当时已经是吃不饱饭，牲口有的已饿死，耕地成了问题，只好用人代替牲口来拉犁耕地，真有同学因吃不饱饭做大强度劳动—拉犁而晕倒在田间，事后倍受表扬号召大家学习他吃苦耐劳的精神。一天发生了让我终生难忘的一件事情，当时大家都很饿，但买食品已开始用粮票，游泳一班的谈维思知道我有粮票，便和我商量装病请假去买点心吃，他出钱我出粮票就这样双方达成共同解决饥饿的君子协定，在我们吃完后由邻村往回走时说好回宿舍休息，快到宿舍时他说去厕所，实际他没去厕所而是去了劳动指挥部将我们所做的一切向领导全盘托出，我在宿舍还傻不汲汲睡觉。劳动结束返回学校后，全年级开批判会，指我有资产阶级思想享受主义，平时留着大分头，身着西装皮鞋，劳动不能吃苦等等，会后我们和游泳班的同学进城，晚上要到游泳馆观看比赛并给国家队员作技术统计，进城后先去理发馆剃了一个光头，这头不但没剃掉资产思想反而落了一个对批判有抵触情绪而且对抗领导的教育，我这光头白剃了，养了近半年才恢复原发型。

在五年级做个人毕业鉴定会上，我这位"傻直憨"再次发飙。我们滑冰班六个人分到游泳二班和三班做毕业鉴定，当时我在三班由杨秀浩老师主持这项工作，班上一位李姓女生是印尼华侨，担任团支部宣委，她的鉴定里有一句话："生活作风一贯不正派"，我顿时忍不住地提出异议：这是对她五年在学校的学习，生活各方面的总结和评定，用"一贯不正派"这词对女生是多么大的污辱与伤害，她是否在五年的生活中不断地更换男朋友吗？不是。简略说明情况；61 年 9 月全体 58 级参加毕业实习，我们是北京师范大学实习队，有水冰系，球类系，武术系同学组成的，在实习期间她认识了现在的先生，当时是武术系举重专业的刘姓同学。实习结束返校后她和她男朋友分手（她的男朋友姓张，是我们系 56 级游泳专业的留校生，政治教研室的教师，政治面貌：党员，他头上戴的，身上穿的衣服，脚上穿的皮鞋，手腕戴的手表，胯下骑的英国风头自行车都是李姓女友提供的，当时俗称叫"吃华侨"，看完上述简单事实，究竟谁生活作风有问题不是显而易见了吗！），她在大学期间只交了一次朋友而后分手到毕业前夕与刘姓同学结婚能说是"生活作风不正派"吗？结果杨老师在几乎是全班同学的反对下删除了那句话。"政治上起动慢"这句话在我的和其他人的鉴定里都有这句话我当时提出请杨老师解释一下何谓"政治上起动慢"，杨老师讲：即每次政治运动来时或是有中央精神下达时，你们的思想与动作反应迟钝。我立即反对这种解释：什么叫反应慢而又谁快？中央下达的精神反应最快的是彭真市长再下来是我们的学校钟师统院长，接下来是我系贾玉瑞主任和您杨老师，再下来是咱班的高继参同学（党员，调干生），我们慢是非常正常的事情这还用写进鉴定里呀！而这句话又被否定掉了。最后，我自己的鉴定与领导有重大分歧，开始我没有在自己的鉴定上签字，系领导说：如果不签字你就没有毕业证书，所以必须签字但你可以将你不同意见写在鉴定里，我只有遵照指示去办了，然后拿了介绍信和户口区北京市体委报到，不知何人将我的名额给顶了，告知我去市教育局报到，我户口迁址单位是市体委，只好返回学校重新办理户口的迁移地址，等我都办理完了去女八中报到已是 9 月 30 日。

何因让我不在自己的鉴定上签字呢？我的鉴定的内容已不能完整回忆起来，但重要的还有些记忆"本人基本上拥护三面红旗，学习成绩优秀，群众关系好，劳动观点差，缺乏吃苦耐劳的精神等"，"本人基本上拥护三面红旗"这句话基本已经在政治上将我枪毙掉了，关键的三个字"基本上"是对我在毕业鉴定会上屡次推翻领导给做的评语一个警告和在走向社会前的教训，即过多地与领导顶牛之下场就是如此，用文字就可以把你的前程给断送掉。反正我也不是走仕途的料，档案里被写几个字就让领导们写吧！直到文革是从邻居"小脚侦缉队"的大妈口中得知，在上高中时我的档案里就有我是"不戴帽子的右派"，57 年反右时我只是高二的学生，真不知是否还有天理在如此草结他人的政治生命。

1958 年为了配合局势，上专业课不按年级只按专业。这张照片是 1959 年 3 月份的一次训练课的内容是积极性休息，我们集体去颐和园玩儿一下午，划船，唱歌就差跳舞了。

自丛 2003 年

开始基本上每年都回国探亲访友，在与北体大师生和女八中师生聚会时，总会有当年做思想工作的政工干部和老师向我表示对当年发生的一些事情表示歉意，对他们的表示我接受而且也表示我的谢意，可是看问题不能脱离当时的政治大环境和他们的职责所在。我的大学五年学习生活虽说没有艳丽的光环和夺目光鲜的彩虹，但我却有丰富多彩而平庸的愉快的清纯的快乐的大学生活。

2006 年回校与老师和 55—58 届的同学聚会和留影

在五年级的电化教育课上的作业，实际拍摄作为结业的考试，但这张是谁的作业想不起来了，不管是谁的，总算又一张水冰系 58 级全体毕业生的集体照作为留念

我们游泳滑冰在天津工作的同学于 1999 年聚会于天津工大的水上餐厅，毕业鉴定与级主任争论问题的女主人（右三）和他的先生（右二）。

2007 年回深圳过年时去香港与游泳班同学-余长辉（右）和张松卿见面

2004 年 58 级滑冰班的同学回校与老师们聚会三男两女五人已驾鹤西去，一人住进护养院，余下三人还在人生的最后一段漫步向前溜达。

"呆头呆脑地走进高等学府，傻了吧唧地度过政治难关"看后跟贴。

崔姐："常老师：笔记写的真好！感慨！恰同学少年风华正茂！转瞬几十年过去了……您的学生已过花甲之年！"

金桂：崔姐说的句句在理，常老师回忆当年文笔写的真好

老刀：回忆青少，乐趣无穷。可惜我这78的首体院学生，无常先生那么多感慨之事。小例一趣闻，改革开放初，邓大人巡南，学校角落里，偷着你爱我、我爱你的镜头偶尔浮现，但都是地下工作者，被学校一经发现的终点，既是分配喇叭沟门。

听邓丽君的歌靡靡之音，跳迪斯科舞视为黄色。一同学实习，课后于实习学校宿舍听跳迪斯科舞曲，被开除啦。马上领银子啦，却因此事，继续回家啃老

类似使用电炉子、扔半个馒头给个记过处分，现在听起来……，那可是我眼前的事。

当时是包伙食吃，随便。

不掏一分钱，牛肉肺头早餐有，饭票吃光啦回家。

后来，更得瑟，中午来两瓶啤酒，凉热各一。喝美啦，睡。睡过啦，医务室搞个假条，对付一下过关。

课下闲聊，回家小吃歇。

探索者：感觉常兄细致客观如数家珍基本完全还原了几十年的前的青春时代学习生活，相信你们同年龄段的人会有更深刻体会。很佩服你清晰的记忆能力，也欣赏你正直乐观宽容的性格和人品。这个年龄段的人做到这些感觉难能可贵了。

吃肉的和尚：谢谢您的评语，因对我国现实社会失望失去信心，过多评论是自找麻烦自讨没趣，不如自我调侃自我回忆自我总结自我脱茧而出，换个面貌，漫步在耄耋之年，活好每一天，休管它日事。

探索者：同感并理解。这也是一种很好的方式，是正常国家公民享受人生的一种方式。我也时常产生不想浪费时光评论这个社会乱象，无奈我们只能稍存批判者心情随波逐流了。……

吃肉的和尚：路明摆在那里，皇上不想放弃宝座，这就是农民革

命的必然结果，臣子俯首听命，官为自保，全朝大臣满脸奴才相，得贪得搂子孙后代享用不尽。数千年来百姓们早已习惯跪拜唯命是从，给两口吃的就满足，哪管什么民主自由法治。今日现实就是国家兴亡匹夫无责，皇上一肩扛了。

探索者：是这个局面。权势名利迷失了本性更谈不上初心。因为利益集团都是这个心态，同时害怕被清算。百姓习惯于猪狗一样的朝不虑夕的猥琐苟活。

吃肉的和尚：我要睡个回笼觉，养足精神明天为周末采购，晚上还要去练剑，有时间我们再侃。

新红：郑华新的一年快乐美好！常叙庸写的经历你参与了吗？乌鲁木齐寒冷，保重身体！今年有时间再来北京聚聚！

游泳班老同学：人生的经历终是在幸福和痛苦中渡过从而沟起了难忘的回忆。常兄：努力吧。珍爱余生！

北京体育学院的冰上老人过去与今日

1953年建院名为"中央体育学院"在我们1958年入学时就已是"北京体育学院"了，正式有冰上专业是从1958年开始由过去的体育系和运动系改为田径系、球类系、体操系、武术系、水冰系和理论系。

*武术系设有举重专业、摔跤专业-A国际摔跤（自由式和古典式）B中国式摔跤、武术专业、击剑专业和拳击专业。拳击专业1959年取消，击剑专业是1960年困难时期裁减。

*水冰系：水上运动包括竞技游泳有男女四种姿势不同距离不同方式个人和四人接力共三十八个项目、水球、跳水（男女十米台和三米板的单人和双人）。

冰上运动有花样滑冰：男女单人滑、双人滑和冰上舞蹈四个项目。

速度滑冰：长道速滑：男子-500米、1500米、5000米、10000米和全能。女子-500米、1000米、1500米、3000米和全能。它是在400米赛道上进行比赛。

短道速滑：我们上学时还没有这个运动项目，我是在移民美国后才看这个项目的比赛，在这里我就不多写了。

自建院以来到文革之前的十三年，北京体育学院共培养了滑冰专业的学生仅有为数不多三十余人，我先說一下我们58届的本科和运动部的同学情况：

这张照片是 2004 年回北体大看望老师并聚会 也是从北体大毕业41年的首次聚会而且全体58届同学一个不落的全部到齐。左起：马维善、刘长江、本人、余志和、吕雅群、郑大成、穆秀英、臧士达。

我们滑冰班与老师的合影：左起前排第三位速滑教练-穆秀蘭老师，第五位是系总支书记-李少山老师，第六位是游泳教练-杨秀浩老师。后排第三位是我的教练-乐伟老师，第四位是游泳教练-张长存老师。

与老师共进午餐，回忆学生时代一切好与糗的轶事及趣闻，以及我们班的招牌学生-马维善五年不间断嗅蜜的奇闻逸事，使饭局欢笑声起伏不断。

穆秀英 58 年入学后在滑冰班，后因踝关节受伤转到游泳班，她在天津中学时已是天津市游泳队参加全国青年和成年组的比赛。毕业后分到天津市，她不想去业余体校做游泳教练就去了中学（天津六十一中）当体育老师。她经常到各省市参加全国游泳比赛的裁判工作，还会与老同学又见面机会，为中国的体育和教育事业幸劳一辈

子，晚年身体健康欠佳，终于在 2016 年夏季离我们而去。

我们将永远铭记于我们的心理有关妳的一切！

【吕雅群（中）与赵宏博和申雪夫妇（曾获双人滑世锦赛和奥运会冠军）合影。】

吕雅群是 1960 年进的运动部我不记得是哪一届毕业，肯定在我们之后（1963-1966）毕业，开始分到石景山区体委，最后调到北方交通大学体育教研室。她在运动部时于 1961 年曾荣获全国冰上运动会

女子单人花样滑冰亚军，并成为此项北京市"运动健将"第一人。

馬維善同學和余志和同學，这三位爷都是从同一个学校（北京三十七中）考入北京体院，而且都是选择速度滑冰同一项目，刘，马二位身高都在一米八开外，余志和也一米七五六的个儿。

刘长江：他的身材作为速滑运动员来讲

在我们那个年代是好苗子，他的技术动作满规范的，我记得1963年初在什刹海冰冰场，由"体育报"社著名记者－于兆雄先生拍摄他的弯道滑行技术连续照片刊登在"新体育"杂志上。由于训练中受伤，无法承受大运动量的训练，到五年级时滑冰专业也取消就都转到游泳专业。毕业后分到东城区体委负责游泳教练和什刹海冰场，文革时调到中学教课，直到文革结束后又回到体委在业余体校做游泳教练。短道速滑于1981年进入中国，在1983年我国开始有短道速滑比赛，1983年第五届全国冬运会，短道速滑第一次立项为比赛项目。刘长江于1982年考国家级才判，83年第五届全运会开始担任短道速滑比赛才判长工作，后来批了国际级裁判，也曾做过东城体校校长直到退休。目前身体健康状况比过去更好些，目前在一家养老院居住，是一楼每天都到外面晒太阳，而且接地气，身体恢复比在家进步快。

余志和：他的身体素质好，无论是速度，速度耐力，灵巧性，柔韧性，力量诸方面素质都不错。刚入学时他的技术和成绩还排不到尖子，经过在运动部的两年系统训练后，他的技术提高和成绩可排建院以来所有速滑运动员的成绩第二名。毕业后他分到上海华东化工学院体育教研室任教，课余并兼任院足球队的教练工作，他本职工作认真，业务能力强，职称是教授。他太太是上海电影制片厂的鲍（芝芳）

导演，我们一直保持联系，即使志和在患癌症过世后，我们和志和大嫂依然保持联系，而且我们每次回国探亲访友时都会去上海看望志和嫂。在大学五年的生活里，除刻苦训练外，他的幽默与一肚子鬼主意的恶作剧至今沥沥在目，难以忘记。

马维善同学；身高条件挺好，但身体素质方面发展不够全面，他的耐力好属于吃驴料干骡子活儿项目的运动员，灵巧性，柔韧性，协调性均属一般，也是因为膝关节受伤影响了训练，速滑成绩的提高受到一定的影响。在全院他是我们班和系的招牌人物，每天走路就像全身的零件要掉下来人就散架了似的。他在校上至钟师统院长下至本院家属的孙男滴女没有不认识他的-名人"马大哈"，他是我们班和系的一活宝。他有句至理名言：全北京的人一半儿管我叫爷爷，一半儿我管他们叫孙子。多聪明的人？他也是趣闻缠身一位真正的北京"老泡"而不是"老炮"。毕业后分到崇文区第十一中学任体育教师。他每天都是笑眯眯的，像似无忧无虑的快乐之人，只是他的招牌-装傻充愣，内在心思缜密，什么都吃就是亏不吃。上十七年学能有这样的同学一起生活五年也是人生一大幸事。他目前身体健康，祖孙三代一起享受天伦之乐晚年生活。

【这张照片是郑大成上学时所照，他的夫人-李梦华是我一二年级击剑专业的同学，五年级我就成了他们婚姻的牵线人，所以我们的情谊保持至今。】

郑大成是从北京男四中考入北京体院，他在男四中念书时就已是北京速滑队的队员，进入体院后，每年去东北训练，由于训练时间长而且系统，所以成绩提高幅度也大。他到运动部训练后，在 1961 年冬季比赛中跑出 500 米的个人最好成绩：43″7（运动健将称号的标准：43″5），创造北京市该项的最高纪录，近六十年该记录无人能破。1963 年冬季，困难时期刚过，北京市体委举办"跃进杯"冰球赛，一个城区和院校组队参加，余志和，郑大成二人到我们冰球队参加比赛，他们二人在冰上滑行速度是他们的强项，结果我们队以全胜战绩夺冠圆满结束大学生活。毕业后夫妻二人分配到黑龙江哈尔滨市任卅中体育老师，1970年被调到哈尔滨市体工大队人速滑教练，在我的记忆里好像是在七十年代末期大成的女队员-陈可心获得冠军，出国比赛队员的教练都是有冠军队员的教练兼任，本应是郑大成是速滑队的教练带队出国比赛，结果换成金汉洙替代郑大成为出国教练，六家都劝他找体委领导谈情况，他就是不找，咱憑本事吃饭，不靠关系，也是头倔犟的驴。这也是我佩服他做人正直的人品。

郑大成于 2012 年开始住进护养院，因在家生活不能自理，最后孩子们与母亲商量结果将他送进去，在医生和护理人员的精心照料系，七年来生活都挺好，面色红润，身体健康状况也挺好。

【臧士达，外号："二哥"，这是我在1997 年回国探亲访友时在天津纺织工学院"碧园"餐厅聚会时的合影，经过加工成单人照片】

臧士达不是很爱谈笑的人，偏向于内向，身体条件不是最佳，身高一米七的个儿，身体素质灵巧性欠佳，耐力好，柔韧性一般但力量性较好，认真学习训练刻苦。毕业后分到天津河西区业余体校游泳教练，文革后期调到天津卫校后并入天津医学院，最后也是从医学院退休的。退休后自己每天走步锻炼外，就是照顾身体有病的革命伴侣。

【我的这两张照片分别是相隔六年所拍摄的，上面一张是 1958 年春季在入学北京体院前于王府井大街的"中国照相馆"拍摄，下面一张是1964 年初春节期间和 58 级滑冰和游泳班的同学聚会北京

西单的"鸿宾楼"，饭后在西单照相馆的合影，六年的时间随说不长但留在脸上的时间烙印还是有痕迹的。】

关于我的情况在这里就不想再多浪费大家的时间了，过去在我写的"常氏家族史""呆头呆脑地走进高等学府，傻了吧唧地度过政治难关""体育陪伴我一生"都写过有关我的大学生活，再次就不再重复了。但是学生时代的生活非常让人回忆与眷恋，无论事儿还是人都印在脑子里，存在心里，在夜深人静时会一件一件和一页一页回想与深思，这些毕竟是自己人生经历的见证与记录，收藏起来变成文字就算给子孙后代留点念想吧！

【后记】1953 年建院以来所培养的冰上运动员：

花样滑冰：杨铁汉 男 59 级 （1962 全国冰上运动会获得花样男子单人第六名）

李耀章 男 56 级、 吕杰 女 59 级、 邓洪瑞 女 59 级。吕雅群女 59 级（预科）。

速度滑冰：男子 59 级 常贵林、王德荣、李龙德、毕永淦、关柏荫。 女子：李丽。

男子 60 级和 61 级 张振祥、姚兴嘉、王守信、董闻、刘广均（预科）。

女子：王小云（预科）

冰球：55 级 冯冀柏 。57 级 王应辅、崔颐昌。 58 级 常叙庸。

60 级 于文学、朱承翼、赵福生、于振文、费成志、刘福林、王光辉（预科）。61 级 程至善

冰上运动教练员名单：

花样滑冰：沈祖修老师

速度滑冰：穆秀蘭老师、王泽浦老师

冰球：庞志忠老师、乐伟老师、王燕平老师

在我的记忆力是三十五名学员选择冰上运动作为主项学习科目，虽因在六十年代初困难时期以及贯彻院系调整政策，撤销冰上运动项目，学员转到其它专业学习训练，但有冰上运动项目比赛仍然归队参加比赛。

写在高中毕业六十周年

我们北京二十四中高三（3）班的毕业五十周年的聚会是在 2008 年的 10 月份，也因为我的二女儿一家三口第一次去中国玩儿，借此机会就来一次高中毕业五十周年的聚会，还有四班的四位同学（常德祯、朱林宝、韩世明、冯汝明）参加。

这次 50 周年的聚会除我们三班外还有四位四班的同学参加。

2018 年 11 月 6 日在我太太行动不能自理时，我能有机会再次回国探亲访友实属难得，可这次我们三班的高中同学毕业六十年聚会所剩无几了。从十年前到这次之间我们还有几次的聚会，我记得我只参加过其中的两三次。具体的时间我记不住了，自第一次聚会后，大家之间对高中时期的发生事情难以忘怀。我班有个叫唐万里的同学，在整团时是被整对象，就因为要考北大中文系的一些言论被团内的极左分子猛整并给团内记过处分，高考后别说北大了，连北师大、北京师范学院都没录取，接到录取的通知书是有内蒙师范学院发出的。就一个团内处分断送人的一生，我们都在通过关系在找唐万里，结果落空，有的找到公开表示不愿意参加，老天有眼，当年的极左分子大都早早的到阎老大那儿报到进了学习班。

由右至左：董春起-汉语教授，书法家，篆刻高手，优秀京胡、二胡、月琴琴师。许中华-在学期间就是吉他高手（2010年左右过世）刘焕文-北工大教授（2017年过世）。

我的同姓四班但同宿舍同学-常德桢，高中毕业后去了北京射击队。他在2015年的春节去稻香村买点心，买完出门滑一跤摔倒送到医院没抢救过来而过世。

副班长-梅永祥（右），王宏生-24中教师（左，2016年过世）

　　右一是谢蕴海我们从小学、初中、高中几乎都是同班同学，大学在北京矿业学院就念了一年被海运学院调走，毕业后到海军部队工作。右二是刘清泉，原考取北京工学院，后因出身问题调到北京工业大学。左一是王雪岩，北京钢院毕业后分到首钢，这是第一次也是最后一次见面，过了一两年也因心脏病过世，还有一位四班的朱林宝在2012年前后过世，十年期间走了六位，望大家多多保重身体。

　　我们八位同学都参加2008年毕业五十年的聚会，到去年11月份聚会我们八个人有三人过世，一个人没来参加。

春起兄带我去琉璃厂把朋友送的字画裱好以便带回美国。

　　右起：吴炜华，经贸大学 汉语教授。杨宝衡，开始考取北京地质学院，因野外作业和登山，杨老弟身体软弱顶不下来，只得休学转年再考终于考取非苦力大学-北京铁道学院。贾德培，我们的老大哥，为人宽厚，总是面带笑容，我从没看过他红过脸或与人发生过争执，他有个优美的绰号-"贾母"。

刘思平（2019 年去世）-中国艺术学院毕业，我忘记是表演还是导演专业毕业，文革时我在马路遇上他才得知他在北京京剧团任导演，当时是"智取威虎山"剧组的导演。他的女儿在美国康州，有时他也会来看他的女儿，我们曾在她女儿家聚会过。

春起兄前面已经介绍过了，既是人才也是中国国粹及传统文化传承之士，为人平和谦虚，不显山不露水，有真功夫最多露三分，给他人留余地给自己留空间。

我们六个人下次再见面争取在今明两年，一万年太久，只争朝夕。我们六人的安年龄排行：贾大爷、董二爷、吴三爷、刘四爷、常五爷、杨六爷（郎）。

写在高中毕业六十周年（续）

上张照片中间的和下张照片左侧的这位是我这篇文章的主角-周育才老弟，可称周七爷。在过去的三好学生来讲，那就是应该金质奖章的获得者。我们第一次毕业五十周年纪念的聚会就是他-我们的老班长、团支部书记周育才老弟组织的，可惜是后几次的聚会他都在外地，没能赶上参加。所以我在写毕业六十年的文章时把我们班的主角给遗漏了，文章一发出董二爷马上就指出问题，我便及时补救，先说声：对不起！老班长。这次真是我脑子进水了，犯了不该犯的错误。

从1955年上高中开始，我对周育才老弟是逐渐认识的，他就是班里的好学生，平时你听不到他大声說话，大声笑。功课的成绩逐渐就显山露水，他是高一寒假参加了团课学习班，之后就发展一批团员，我记得有周育才、汪谦、陶大君、焦宝忠、尹希哲、马毓麟等，暑假升高二时汪谦、陶大君就留级了。

我们班的班长前后有梅永祥、周育才、杨跃。团支部书记有黄霁、

136

侯恩宏、周育才和梅永祥。在班干部里周育才是属于稳健、人性化的干部。杨跃是属于政工型的干部，别给机会上台，一到星期六下午的班会，杨跃独霸讲台满嘴都是政治词汇脱肛而出，一人讲的得意忘形，学生时代拿我们这些人练练手，最后官拜正局级退休，这张嘴终于可以寿终正寝了。我在文革时才知道原来自己是不戴帽子的右派，我左思右想上高中时我的话能够上偏右的言论只有一句："进了团书记的家门，就能进团的大门。"在当时的年代有的班干部和团支书就有官架子，那是现代版的雏形。

高中毕业后，周育才考取了哈尔滨工业大学，毕业后入伍从军分配到航天系统的研究部门直至退休。他对我们这些老同学没有忘记，在组织高中毕业五十周年的聚会他找关系寻找失联的同学来参加活动。不要小瞧高中时代所发生的事情，有的事情毁了人的一生前途，这就是有的同学已联系上了可不来参加聚会。中学我班的干部就有"党棍"式的人物，丝毫没人性，无限上纲的批判，更坏的是在你不知情下给你的档案里写下不实的记录。在高三毕业时班里做个人鉴定，我这一组有蒋志雄，记得当年他很能辩论，现在如果他做我的对手，就凭我目前的思想境界级水平，加上文革大历练，他不配做我的对手，鉴定给我个"中"，你得的是比较好的"中"。这句话我会记得一辈子，虽然我是一个不爱记仇的人，但我不会和这个人坐在同一桌喝酒吃饭。

去年是我们毕业六十周年的纪念日，可大家没有在增加参加人员，这就是路不同而不相为谋的道理。

六十年的聚会有六位，类似政协，从学科上分包括文科、工科、文艺和体育。代表方面是来自有知识文化的工人和知识分子，可咱周七爷比咱还多一个军人的身份，在三班的干部里只有七爷的人际关系最好，能和各种不同观点的人共同相处，从没整过人。他是个诚实心善的人，对事情都有自己的观点和见解，绝不会趋炎附势，在咱的同学里具有人缘儿和号召力。这几年七爷不是在美国的孩子家就是洛阳的家观赏牡丹花展或是在威海的避暑别墅安详养老，几次聚会时间都错过了，希望下次能与企业约定合适的时间把酒言欢。

两年里参加三次校庆

我非常庆幸能在两年里（2013-2014）参加了我从小学到大学的校庆，我是 1948 年在北京育英小学上三年级，1955 年育英中学（现为 25 中）初中毕业；1958 年北京大同中学（现为 24 中）高中毕业；1963 年北京体育学院（现为北京体育大学）毕业。

（一）"育英学校"（男校）创建于 1864 年，是由当时在北京东城区灯市口大街的美国基督教"公理会"创办，同时还创办"贝满学校"（女校）；培元小学（女校）和博氏幼稚园。"育英学校"是由小学至高中，学校共分五个院；一院是初中部，二院是小学部，三院是运动场（包括田径场，篮球场等体育设施），地址是东城区骑河楼。四院是高中部，五院是教师宿舍。"育英"和"贝满"都在灯市口大街，而"培元"和"博氏"都在王府井大街。

当时在北京还有两所教会开办的学校，男校叫"汇文"（小学至高中），女校叫"慕贞"（初高中），这四所学校可称为当年的贵族学校，一是学费昂贵；二是学生来源绝大部分是达官贵人和富家子弟，本身就生活在良好的家庭教育环境里；三是学校教学设备及环境精良；四是学校教学有特点而且聘用优秀师资。

我父亲是 1937 年高中毕业于育英学校，我的叔祖父也是育英毕业，我家兄弟三人也从育英小学开始，另外还有堂叔数人也在育英就读。我母亲就读贝满女中，我姑姑，堂姑也都是贝满女中的学生，我姐姐是在慕贞女中就读。在当时社会就流传这样的说法：育英娶贝满的，汇文娶慕贞的。这才是门当户对的婚姻。

2014 年时育英学校 150 周年校庆，我是乘地铁 9 点半到了灯市口大街东口，全大街都是汽车和人群，因是育英学校和贝满学校同时庆祝 150 年的校庆。我进到初中部，原来的初二（九）班的小楼已经没了，初三（七）班的教室也没了，当时的宿舍楼也没了已变成教学楼。在 55 年初中毕业的教室里倒是遇见几位当年初三（三）班的同学，有的已近六十年没见过面了，育英学校培养出很多各行各业的精英，包括科技界，文学界，戏剧界，体育界。我只知道体育界从育英学校出来的精英；足球：年维泗（国家队）篮球：王兆钰，路廉翰（国家队）体操：冯冀柏（体操，冰球国家队，体操国际裁判）王应辅（冰球国家队，冰球国际银牌裁判）。黄占鳌（击剑，曾获全国亚军，北京市冠军，我的专业教练）。乐伟（冰球，游泳，我的专业课教练）。王燕平（冰球，游泳专业课教练）。李留珉（55届北体大学生，曾是我初三的体育老师）胡燕生（57届田径系学生，冰球队员）。谭世和（57届足球专业，冰球队员）。关宏凯（58届足球专业）。王德泉（58届篮球专业，业余体校教练，国家保龄球队教练，保龄球协会秘书长）。实际上育英学校早就执行德，智，体全面育人的方针。

路廉翰（右一）曾是是國家籃球隊和"八一"籃球隊的隊員。

校慶結束後，我們幾個初中同學一起聚餐，育英貝滿兩個學校同時的校慶活動，連吃飯都是問題，附近的餐館已經定位客滿，我們一直走到東華門才找到地方吃飯，我和他們不是一班的，我和後排左一的吳煒華是高中同學，和後排右一的王德泉是我大學的同學。

育英校庆后，我们在前门的"东来顺"又聚一会，男生除一人外都是育英初中同学，女生——胡文爱是贝满的（我们既是育英，贝满的同学，又是北体大的同学）。

（二）"大同中学"（后改称 24 中）：前年是我高中 90 年校庆，它创建于 1923 年 6 月 1 日，是蔡元培，蒋梦麟，谭熙鸿等与热心教育的人士创办的，后曾两次迁移，到 1933 年 5 月买下这清廷睿王府，地址在东单外交部街，我 55 年入学高中就在此地址。大同中学过去有个别名："大同花园"，因校舍是原来的王府，直到我入学时学校的西边花园还存在。我在高中这三年为我自己的前途是稀里糊涂的抹上两笔，一笔是酷爱体育，使我从父母离异给我造成的精神痛苦中解脱出来，也为我大学毕业后到出国前的十八年里的教师工作打下基础。二是在高三与同学共四人写的一副玩笑似的大标语——"讨回面包债"由三楼我们班教室窗户外挂下至二楼，在我的档案里换来一条"不戴帽子的右派"。我们这一代人基本是不懂政治的一代人，太天真了，只知道学生的生活就是念书，玩儿，吃饭，睡觉。每天每月每年的周而复始的循环。但在高中与同学结下的友情却是难以忘怀，大家以诚相待，互不玩心计。

高中畢業五十周年紀念，由老班長-周育才負責組織這次聚會，我們三班來了十五名同學，四班來了三位同學共十八位。有十三位是第一次見面，我還能認出大家的姓名。

三年後的聚會與三年前，有兩位過世，我們這次聚會的八位同學裡，又走了三位，去年來了六位，下次我是否可以約大家出來聚會還在犹豫，已都是八旬以上的老顽童了，到時再說吧！

（三）北京体育学院（现名：北京体育大学）：它是 1953 年创建，开始在先农坛体育场，后来选址是现在的地址，2013 年是六十年校庆，但这次校庆活动办得太一般了，与 50 年的校庆不能相比的，因中央有文件严禁搞大型活动，浪费国家钱财等，而且饭食就是粗制滥造勉强入口。50 年校庆来的同学和老师很多，这次 60 年校庆，我们 58 届共有四人参加，两个是游泳班，两个是滑冰班，两个从美国飞回来，其中一位已经不认识对方，有轻度老人痴呆，我想 70 年校庆时，80 年以前的毕业生能参加的就寥寥无几了。

五十年校慶水冰系 58 届前來參加校慶的游泳班的無人參加，滑冰班全體到齊，我們與老師聚餐並合影留念。

晚餐没有老師參加了，自由度就寬松多了。過往的一切成了飯局裡的趣談，直到很晚大家余興未了，情未盡也只得散。

五十年校慶時，擊劍專業返校同學二十人在重競技館前合影留念。

六十年校慶擊劍專業返校六人（56 屆四人 58 屆二人）。

滑冰專業 58 屆只來兩人（目前，已是二人過世，二人住護養院、養老院，四人生活能自理），真不知道七十年校慶時，還有多少人能來參加校慶。

今年是我從大學畢業 56 年，一轉眼周圍的人，事，物，景面貌皆非，找不到原來，找不回過去，留給我們的只有回憶和懷念。唯一讓我們高興的就是北京體育大學的發展，日新月異，運動設施，學生宿舍，教學樓等軟硬件設施都是先進的，希望我們大家都注意保重身體，我們能在七十年校慶再相聚！

体育陪伴我一生

遗传基因

过去总说是受影响，今天在科技发达的世界里生活，我们說事儿就要有根据，遗传基因就是根据。我父亲就是体育积极参与者和爱好者，上学时就喜欢足篮排和垒球，我小时侯父亲在美国加州斯坦福大学念化工专业，当年他是大学足球校队的队员司职守门员。周末，中国留学生一起到体育馆打篮球，我父亲也打，当时我太小，也就五岁，不懂他的技术水平如何？但在 1953 年我父亲工作调到北京矿业学院后，教工队业余时间和一些工厂队进行比赛，他身高近一米七十，技术水平纯业余。矿院教工队的实力不弱，队内有 1936 年中国参加柏林奥运会的篮球中锋刘宝成老师，北京钟声一队的左锋马中华老师，还有韩老师及王堪若老师这些老将足可打赢对方，我父亲在场上也就打个临时接应的角色。他的九人排球打的比篮球好，足球最好。五十年代的北京利华队，兄弟队，北京饭店队，辅仁大学的紫光队都是北京足球强队，华北队和国家队的成员都是从这几个队的队员组成的，当年有孙鹏老师，赵长兴老师，梁振声老师，史万春先生和年维泗，孙鸿年老师等老前辈。周末的足球比赛就在这几个名队之间比赛，我几乎场场不落，家里自己有垒球和手套及球棒。

我父亲是利华队的二号守门员，一号是三十一中的徐琪老师，他踢球我都会去看，初三我们七八班的联队踢小皮球开始，踢遍东城无敌手，连北京市小皮球比赛冠军队让我们赢了 6:0，一直到高一我们还各自代表自己的学校踢了一年少年队参加北京市联赛。

这里我插一段是体育把我从生活的低谷拉回到生活的正常轨道，我十二岁上初中二年级时父母离异，我们开始住校，我从优越的家庭生活环境一下成了住校生，生活中的很多洗涮一切都需要自己动手做了。住校要在学校的大食堂吃包伙，自出生到现在从没离开母亲的照顾，饭菜难以下咽，我特别想我母亲便经常装病请病假回天津找我母亲，长此已久学习成绩大幅度下滑，期末考试基本上是除了体育全部科目都不及格，好歹突击一下补考及格升到初三。

　　在这里我想多说几句，现在的年轻人我不敢恭维，一句话，太自私太自我，活得光剩下自己了，尤其是个人的生活问题—婚姻。闪婚，闪离本身的做法就是不负责任，没有责任心，如果结了婚没孩子两人离的伤害还算小点儿，有了孩子想要离婚，先不要轻易做决定，考虑周全对孩子的伤害度有多大，不要在孩子长大后不认同你们的作为而后悔。

　　我的高中考上北京二十四中，因我想上本校（65 中，保持原来的足球初中联队），但录取分数差 1.5 分，在高中我的生活有了变化，高一时，我们三班有两个篮球运动员，一位是我校过去的主力队员但因功课成绩不好，不能够当校队队员，打班队没问题。另一位是从长辛店中学考进二十四中和我一班，他的名字叫周寿华，个儿头不太高，但是我们校队的主力中锋，球打得好，校队里我们年级是低班，但学长都挺服他，可以說他也是个阅历丰富的学生，也是他成了我的篮球启蒙教练。从高二起我就不再踢足球了，只专心打篮球，很快在班里的主力位置就上岗了。我记得在全校篮球联赛时，每次上场的五个人：周寿华，谭庆云，吴殿福，谢蕴海和我，联赛我们只输一场，是高三（4）获得冠军。四班有校队的中锋韩世明，宋文琪和屈某，他们有三名校队队员，韩世明与我同年考入北京体院。

　　目前我们初三足球联队还有联系的三位同学，汤志永（左一），高博禹（右一）和关宏凯（右二）。关宏凯和我都是 1958 年考进北京

体育学院，他是球类系足球专业，他司职右边锋，在学五年里，凡我院参加全国足球联赛都会抽调他参赛，他的毕业论文有关右边锋诸问题（具体的论文题目我忘了）被校委会选为优秀论文并在全院大会宣读。高博禹考进地质学院也是足球院代表队，再一次爬山实习中出现意外（脚趾冻伤），从此就与足球运动"绝交"。但上帝是公平的，给你关上一扇门，会再给你开一扇窗户。 高博禹目前是我国珠宝钻石界首席鉴定专家而没有之一。汤志永考取清华大学土建系也是足球校代表队，后被北京市足球队借调参加全国足球联赛，导致耽搁一年的学业到1965年才毕业分配到市教育局，改革后调入建筑设计院。

高中同班同宿舍同学，左起周寿华，李文尧和我，我都忘了是谁拍的这张照片，周寿华是我篮球的启蒙人，篮球这项运动给我的工作带来巨大的帮助，在生活中给我带来巨大的欢乐，在文革中被隔离审查期间，外出打野球让我忘了烦恼与伤痛。李文尧酷爱绘画，后考取中央戏剧学院舞美系，毕业分配被当时演话剧"雷锋"红极一时的解放军的"战友文工团"要走参军入伍。后来文工团解散了退伍到了青海省京剧团我们就失去联系。至今我都没有找到到李文尧的任何线索，高中毕业五十年聚会于2008年10月在北京，有位同学說曾在连续剧的结尾的舞美设计人员看到了李文尧的名字，但如何也想不起来哪个连续剧的名字，因为我们宿舍共四人，还有一位是吕岳，但吕岳和周寿华都在十五年前就去世了，所以这么多年一直从各方面查询有关李文尧的消息但无果。

因为课余的时间都被体育活动占据了，晚自习很自然就做功课了，自开始踢球以来，功课基本都按时完成，而且到了高中后，学习成绩有进步，到高三毕业时学习成绩如下：体育和历史两科都是 5 分，政治和俄语两科都是 3 分，其它科目全是 4 分。总算说得过去了，我报考的是农林医体系科，因体育和艺术两项提前招生，我被北京体育学院录取后，其他院校就不再考虑我的所报考的志愿了。

其实我入学前对将来的打算根本没有，我报考是在中央戏剧学院的体育招生介绍会后，表演花剑的运动员是我中学的学长，我是临时起意决定考体育学院。我选击剑专业不是我事前就了解这个项目，而是教练是我的校友和学长，所以就放弃我中学时代擅长的项目：足球和篮球。我自己在学习选项上都没有过多的考虑，就是凭个人的喜好，当我要去水冰系冰球专业时，系领导找我谈话，让我留在武术系练武术，可是我喜欢个人或集体的对抗性的体育项目。如果我当初没转到水冰系而去武术班练武术，今天在美国就不是这个样子了，可是人生没有如果，只有结果。毕竟我的一生基本是随性跟着兴趣走，也玩了一辈子也乐了一辈子，挺好，这就是我老常性格和脾气。

五年的大学生活收获挺大的，第一、几乎所有的体育竞赛项目都学习到或是接触了解到，由今天回头看一下，对目前开展的项目里只有网球，保龄球的技术没学到。从我的学习成绩就可以看出五年的付出是与收获是平衡的，一分耕耘一分收获。第二、1959 年春末夏初举行全院球类比赛，专业学员不能参加比赛只能做裁判工作。我是当时武术系足篮排乒乓球四项球类系代表队成员，并是首发球员。但遗憾的是比赛刚开始没多久我忘记因何事比赛终止，如果比赛能如期完成，我系有望在四项球类比赛得到两项（足球和排球）冠军。第三、五年级理论课基本都结束了，大家都在选修短板课程，和课余时间月球比赛，后来，田径系和水冰系合并为田径游泳系。我们系组织起足球队，约球类系 59 级足球班比赛，由我们 58 级足球班同学当裁判，结果，我们系以 0:1 告负，我们还挺满意这个结果。我们毕业后，在工作岗位上，基本都能胜任本职工作，而且完成教学任务是游刃有余。非常感谢北京体院五年对我们精心地培育与教导使我们在教育战线上出色完成教学任务，还为我国省市队培养和输送了专业运动员。

成 绩 单

某级届先生，某载攻体育系一九六三届毕业生，学制五年，其在校中前教育计划规定的全部课程，学习成绩如下。

课 程	学习成绩	课 程	学习成绩
政 治	B	兰 球	A
运动生理学	A	足 球	A
运动解剖学	A	乒 乓 球	A
运动医学	B	排 球	A
运动生物学	B	击 剑	A
体育统计	C	武 术	A
体 育 学	A	体 操	B
电化教育	A	田 径	A
心理学	A	举 重	A
外 语	B	滑 泳	A
中 译 译	A	游 泳	A

教务长：费世仪
北京体育学院
一九八〇年十一月

从成绩单来看，术科（右边的十一项加上左边的最后一项）十二项有1个"A"和1个"B"，成绩优秀还可以，因田径项目太多，田赛包括跳和投掷两大部，跳包括跳远，三级跳，跳高和撑杆跳高。投掷包括铅球，铁饼，标枪和链球。径赛包括短距离100米，200米，400米，中距离800米，1500米，长距离5000米，10000米，超长距离—马拉松（42公里195米），障碍跑有110米高栏（男子），100米低栏（女子），400米中栏和3000米障碍跑。还有男女不同距离的竞走项目，上述的项目都是奥林匹克运动会的竞赛项目，有的项目只做介绍而不去实际练习如链球，撑杆跳高，障碍跑只学80米低栏技术动作。左边十项理论课5"A"，4"B"，1"C"实属中上水平，要說优秀还稍差点火候。

这张照片是58级水冰系全体同学的毕业照，在游泳馆前。

147

　　五位同学有两位是我向北京男篮推荐，一位是向天津男篮推荐，这三位都被教练看中，结果只有一位进了北京男篮，另外两人均为出身问题没能进入专业队，后来还是让部队的篮球队要走，另一名考取被师大体育系。

　　我们四年级时在陶然亭游泳池学习跳水，左一是游泳一班的同学-周庚，中间是速滑的马维善和我。

　　快乐的学生时代一去不复返了，留给我们的只有美好的回忆与人生经历的教训，一句话：酸甜苦辣咸五味都尝到了，最后，我还是要再次感谢体育学院和老师对我们这拨比较单纯的同学不辞辛苦的教育和培养，我们也没给体育学院丢人。再见了青春年华，感谢体育伴我走完人生的历程。

旅游觀光篇

回国旅游之一——山西五台山

站在菩萨顶居高临下的眺望显通寺和塔院寺。

显通寺的铜殿。

在菩萨顶的大佛殿与文殊殿之间立有石门一座，横匾书"五台圣境"四个大字，系康熙御笔。

菩萨顶的大文殊殿和金刚殿

趁回国参加北体大60年校庆之际，去了几处观光访友，颇有感触与收获，各处参观人数较多，尤其是农村卖土地做生意搞副业，囊中有了富余的钞票，也开始了加入"土豪"的行列去游山玩水，这是一件非常好的事情，开阔眼界增加知识，同时也暴露出五千多年遗留在农民身上的不良习俗，不分场合的大声喧哗，严禁吸烟的地方照常吸烟而且不听劝告，乱丢垃圾即使有垃圾箱也是随意乱丢，习惯农村的生活环境，自身周围就是天然的垃圾场和厕所。

五台山，位于山西省东北部的忻　州市五台县境内，五台山的历史文物多以寺庙建筑形式存在，主要内容以木质结构和砖石结构的建筑为主，包括殿堂楼阁，古塔经幢，以及附属于这些建筑里的雕塑，绘画，碑记，匾额等，唐，宋，元，明，清，民国历代都有，有的甚至可上溯到北魏时期。 五台山是由五座高耸入云，顶如平台的山峰组成：东台望海峰海拔2795米，建有望海寺是明嘉靖年间重修。西台挂月峰海拔2773米，台顶建有法雷寺，寺内供"狮子吼文殊菩萨"系隋文帝诏令创建。南台锦绣峰又称仙花山台顶建有石砌普济寺，内供"智慧文殊菩萨"。北台叶斗峰亦称云雾山，台顶建有灵应寺，内供"无垢文殊菩萨"，此台顶海拔为3058米，是五台山最高点。中台翠岩峰海拔2894米，建有演教寺内供"儒童文殊菩萨"。五座峰台风光秀丽，景色殊异，格外迷人。 我们首先参观的是菩萨顶，据说，五台山是文殊菩萨的道场，而菩萨顶则是文殊的居处。

菩萨顶位居台怀中心灵鹫峰上，始建于北魏孝文帝时（471—499）。下一处我们是到显通寺，显通寺由南而北依次为观音殿，文殊殿，大佛殿，无梁殿，千钵文殊殿，铜殿和藏经殿，建筑雄伟壮观，之后又到塔院寺和万佛阁的五爷庙。因时间关系，不可能到东西南北中五台顶的寺庙我参观，它是佛教圣地，不但有两百余处的寺庙建

筑，其自然风光也颇具有特色，全山植物多达六百余种，优质牧草四百余种，具有观赏性的开花植物二百余种。在众多的花草中，药用植物业也达百余种，尤以台参，黄芪，黄芩，大黄等药材为上乘并远销国外。五台山春夏之际，百花盛开，苍翠烂漫；夏秋季节，骄阳似火之中你还能在山阴古洞中欣赏到"千年冰""万年雪"的奇景，真是"敷演清凉，四时风雪飘飞，

幻出银装世界；恢宏
极乐，六月莲花始开，
翻成金色乾坤"呀！还
有那五座各居一方的
佛山，更有"东台看日
出，西台赏明月，南台
观山花，北台望雪景，
站在中台，伸手摸星
星"的神奇意境。一年

四季云雾缭绕，偶尔还会出现五彩斑斓的半椭圆的光圈，那就是其它
名山更为难得的"五台佛光"。

通过这次的旅游，收获甚大，感触颇深。五台山的佛教历史已有
两千多年之久，千百年之前，我国的劳动人民就具有高智商高智慧高
技能的"三高"优秀民族，历代的古都皇城的雄伟宫殿和群山中佛教
圣地之寺庙的建筑，都充分显示出劳动人民的智慧和精湛的工艺水
平，再看今日，"万丈高楼平地起"，古代的代表性建筑已被淹没在
"楼海"之中，永远失去了中华民族智慧的光辉。但现代化今天，虽
然是高楼大厦林立，很多城市是旧貌换新颜，经济发展速度是一日冲
天，可是在这些可喜的成绩面前是否应该看到一些被金钱蒙闭双眼，
被利润薰黑了心脏的建筑商与官员们，没有质量保证的房屋和桥樑
建筑曾经发生过多次事故而造成重大的伤亡事故，在目前经济高速
发展中的中国是否也应该开始为人的基本道德方面的教育，要记住：
"十年种树百年育人"的道理。

最后，如有时间，请大家到五台山这个佛教圣地参观游览，不仅
有雄伟的寺庙建筑，而且更有令人神怡的美丽的风景。

每处的垃圾箱都
贴有说明，可是还是
乱丢垃圾。"土豪"
们有钱而没文化不识
字，悲哀呀！

152

入口处都有"寺院内严禁吸烟"的告示，可"土豪"就是不听，依然我行我素，老子有钱能把握我怎样？有规定不遵守，有法又不执行是社会的悲哀！

回国观感之二——想为国内的老人和残疾人喊一嗓子

深圳市南山区的图书城是一个非常好的买书和阅览书籍之地方，但两个电动滚梯全自下而上，为什么不能一上一下，在离开书城时一定要走楼梯呢？脑子有病吧！

真是不知老人残疾人如何乘坐地上与地下的交通工具？（地铁的一张照片，电动楼梯只有向上而没有向下方向的。）

北京地铁在换线时要走很长的路，上上下下都没有电梯。

国内的老人和残疾人究竟有多少人，我的手中没有精准得数字，单从我近几年回国在北京乘地铁和公交车来看，站立无座位的人绝大多数是老人，此情况只能说明一是目前老人由于生活水平提高而健康水平也提高，站立对于这些老人是家常便饭，另一方面也反映出来当前中青年的无素质无涵养无道德无教养无礼貌无教养的"五无"之社会栋梁，才是我们最大的悲哀。

早在我国喜获主办 2008 年奥运会时的一次与学生聚会聊天时，我们就对北京许多酒店，餐馆，公共场所及有否为坐轮椅的残障人建造的通道和车辆吗？提出过我们的看法与建议而到了残奥会时基本上得到了解决。在国外对老人与残疾人都会得到优先照顾，而国内却远远与外国不能相比，在国外这些都有法可寻，而我国则没有保障。我们在北京，天津，成都，重庆和太原都遇到同样的问题，例如地铁得进出口，火车站及飞机场里的升降电梯与滚动楼梯很多都不工作，是否这也是为了政绩所做的专门为人看的驴粪工程一表面光。我们已是七十余岁的老人还要枒着箱子爬楼梯，累不死也要脱层皮。是否是中国的老人和残疾人太多了而到中央及各地方政府无能力照顾的地步。如果各级政府的领导人之家中有老人和残疾人在日常生活里也需要乘坐地铁和公交车的话，我想有关"老人与残障人的保护法规"也就早就出台了。人民的公仆们多为老百姓大众做点儿事吧！把你们的贪心变少点的爱心，也算你们良心上的自赎吧！记住："天作孽亦可活，自作孽不可活"。

在当今的现代化城市里生活，就应该有方便人正常生活及紧急情况发生时相对应的设备，我不知是哪位楼房设计设计师或城建官员制定的狗屁规定：如果楼房是五层以下不得安装电梯。试问五层有病人急需送医院急救，急救人员如何将病人从五楼搬到急救车内，这不延误急救的时间吗？是否还应增加一个狗屁补充规定：凡是入住五层楼的居民年龄不得超过 49 岁，老弱病残孕不得入住，整个一栋"绝户楼"。

回国旅游之三——到过重庆中美合作所所想到的

都江堰的两岸通道——南桥

都江堰的宝瓶口——引水口

武侯祠中的三义庙内有刘关张三位的塑像

武侯祠的正门

杜甫草堂的前门

杜甫的茅屋故居

在成都与发小——刘建成夫妇的合影

成都食品一条街——宽窄巷子

名副其实的雾都——重庆

中美合作所的渣滓洞牢狱(上)和中美合作所的白公馆（下）

具有革命史迹的华蓥山

重庆的纪念碑广场有如纽约的时代广场

　　在北京参加完校庆后，实在难以忍受雾霾天气带来的痛苦，决定去南方避难，同时看看小时的"发小"。我们10月8日飞抵成都，

因这是我第一次到成都，所以不知道三十年前的老成都的市容，很想吃些传统的风味菜肴，在朋友的介绍下去了"宽窄巷"，顾名思义就是两条街并行，一条是宽巷而另一条则是窄巷，顾客非常多，我们在一家有如路边摊的小铺吃的午餐其卫生条件真是不敢恭维。在成都期间，除与发小促膝畅谈还去了"杜甫草堂"，"武侯祠"和"都江堰"参观游览，尤其值得一说是这中华民族的天才杰作——都江堰水利工程；于公元前 256 年秦国蜀郡守李冰为治理岷江水患率众修建的大型水利工程。主要由鱼嘴分水堤，飞沙堰溢洪道，宝瓶引水口三大主体工程组成。它巧妙地用了岷江出山口的天然地势和弯道水流规律，三位一体，有效地解决了引水灌溉，泄洪排沙的问题。2260多年来，都江堰所发挥的作用越来越大，灌溉面积达一千多万亩。

重庆——过去人称"雾都"，这次去到重庆后还真是体会到雾都的市景具有另一番特色。下午到重庆后，一看这里也是雾霾天气（目前在中国可能只有西藏和海南岛两地不受雾霾侵害），晚上，我们由酒店步行到"纪念碑广场"吃饭，在一个商厦五楼的"粥道坊"吃了一顿入蜀后最可口的晚餐，爽口而有特色的煲粥及川味小菜，饭后漫步广场有如行走在纽约时代广场一般，纪念碑四周被高层商厦包围，到处闪烁着五彩斑斓的霓虹灯商业广告，偶尔还伴随着摇滚与流行曲声，不知众多的革命烈士先辈长眠于地下是否会被这些噪杂的声音及闪烁的采光骚扰而不得安眠以至吵醒。

转天，先去南山"一棵树"景点，从此处往下，可看到两江（嘉陵江和长江）及重庆市的全貌，可惜雾霾没收了我们观景的权利。之后又去了"红岩"革命纪念之地（此时面对祖国的大好河山，有种要入党的冲动），因时间的关系，我们只参观了"渣宰洞"和"白公馆"，看完这两处在回住处即返回成都的火车上，我的心情久久不能平静，我这个政治上的"脑残""智障儿"，可从高中到文革结束前的历次政治运动都会被批被整被斗被下放农场或被牵连，我的思想和言论能影响谁？在家连我太太和孩子都影响不了还能影响党的事业？文革及文革前的历次政治运动被整治被迫害的人都给于平反，为什么57年反右被定为右派的中国人民大学的学生——林希翎女士至今没给平反？为什么群众在运动中所谓有错就要一遍又一遍检查过关，还要挖祖宗八代的阶级思想根源？"一句顶一万句"之巨大威力语言所造成经济上政治上的危害之结果是：上千万人丧失了性命，使上百万人结束了自己的政治生命，造成无数家庭是妻离子散，这个责任有过具体的说法吗？牺牲在"中美合作所"为了崇高的信仰和理想而长眠于华蓥山下的烈士们，如果他们看到他们为信仰所奋斗流血的结果已发展到今日的场景，烈士们是否会从墓中站起来仰天长啸。

我尊重人们各种不同的信仰，我认为人要有信仰，有信仰才能使自己在做人方面不会偏离轨道，无论是政治上的信仰还是宗教上的信仰，都是告诫人们做好事而不做坏事。但对我这个思想上的懒人来说，政治书籍，经文，圣经念起来太费时间了，我这一生做人做事只简单地遵循一条：上对得起天，下对得起地，也要对得起自己的良心。

回国观感之四——失去光泽和亮丽的首都

（2013-12-06）

自 2003 年后我每年都会回国探亲访友，但这十年的变化真是让人心情激动，这十年的城市变化是以前五十四年不能相比的，使一座在历史上有着特殊意义和贡献地及庄严肃立的古都变成了具有现代化建筑与设备的"四不像"城市，人口之多居世界之首（据保守估计包括流动人口在两千余万）。北京从过去的中国之政治文化中心，走到成今日在全球之金融贸易，政治经济有影响的城市，我真的不知道是应该激动兴奋雀跃还是流泪留恋悲哀。

我虽然在美国生活了近三十九年，而我在北京上过小学中学大学并在毕业后与中学教了九年书，再到天津教了九年书于 1981 年 4 月 8 日离开了我有过幸福的童年，烦恼的少年，无奈的青年及痛苦的十年浩劫与五年的政治余波之地。我第一次回国是 1987 年至今已是第十四次，也可以说亲眼看到了北京的城市变迁，但今天我非常痛苦的做了一个决定——今后不会再来北京了，医生活在这个原来的古都确实是痛苦不堪的事情。这个决定带来的痛苦是每次回来要看的亲朋好友，由小到大的挚友及学生度在北京，与他们之间的亲情友情是我生活中的宝贵财富，是几十年残酷的现实生活里点点滴滴积累起来而且是无价的精神财富，我不想失去它，它现在只是首都而不是"北京"，因迫于无奈只得选择——再见了！北京。

（一）北京是祖国的首都，也是政治经济文化对外的"窗户"，从这扇"窗户"我们所能给世界各国人民展示些何等内容?现在是严重的雾霾天气，污浊混噩的天空难得见到蓝天，戴上口罩还舒服些，我到北京不到一周时开始有痰，一周后天天又如感冒一般的难受。到处是尘土而且地面也是脏兮兮的。

（二）因地面上交通拥堵闻名于全球，只能乘坐地铁去参加与朋友和同学们的聚会，每次用在路途上的往返时间短在三个小时长达六个小时，基本一次聚会就要用一天的时间。我中午十二点的飞机，早晨九点从三环的赵公口长途汽车站出发，结果用了一小时四十五分钟到达机场，出租车费用为 172 元人民币，我只有逃出北京去南方看朋友。

（三）在北京无论是地下的地铁还是地上的餐馆酒店或是时尚的百货商场与超市，你所看到的全是拥来挤去的土豪门，全无素质可言。每天在公交交通工具里，要不听到的是它省方言在吼电话要不是"低头族"和"闭眼族"坐满车厢，全无视车厢中老弱孕残人的存在，这还是过去的北京吗?百分之七十到八十的外省市人充填在首都的各角落，使我感觉到是生活在一个"四无一有"（无文化，无道德无教养无礼貌一有是极有钱)的族群里，让我感到恶心，我无能力改变而只能选择逃离。

美丽的百慕大（一）

过去在学生时代听老师讲地理课时，曾讲过轮船和飞机经过百慕大出现的奇怪现象，俗称"百慕大黑三角"区，当时解释是物理现象。

在 1996 年秋季，我有时间休假，便参加了旅游团到百慕大玩一次。我们是从纽约的码头上船，很方便而且是欧洲希腊轮船公司，欧洲的轮船公司的服务质量水平相当高。说句实话我已有数十年没坐过远洋轮了，人生第一次是 1946 年夏天从美国旧金山回中国，第二次是 1949 年夏天由台北经香港回到天津，可这次离第一次已是五十年之后。

自从上船之后我开始逐渐感觉到什么是自由，什么是真正的人生享受，什么是做人的尊严。无论任何时候任何地方都是干干净净，又可以用手检查任何地方，因为只有睡觉时间除外，其他时间都有人在做清洁工作。居住的房间有电视，一切条件都安排的很舒适无可挑剔。在饮食上从早 6:30 开始有饮料（汽水与酒自费）点心三明治等让后就是早中晚三顿正餐，午夜时分到清晨 2:00 的夜宵供应欧亚洲各国食品，真是吃喝玩乐融合一起的快活日子。希腊船公司在用餐方面有一定的规定，正餐不得穿牛仔裤和圆领衫进餐厅就餐，如果是船长请全体旅客用餐必须身着礼服。

这两张照片是在船长招待旅客晚宴后在大厅拍照留念

在进餐尾声之时，服务员会和我们随意交谈，他们大多数是来自共产党执政解体的国家，他们可以到国际公司挣外汇，他们对美国的年轻旅客就餐的礼节颇有微词，刀叉的握法与用法太随意而且不正确，在饮食文化方面礼节方面美国比欧洲国家差多了，但比中国旅客又强多了，美国轮船公司与希腊公司就不是同一档次的服务理念，美国在亚洲的旅游生意在就餐采用自助餐，而欧洲公司在这方面截然不同，每日三餐都是份饭，需要添加与服务员讲即可。

在这艘十万吨的轮船上，应有尽有，有舞台秀和电影，有舞厅可跳国标或迪斯寇任你选择，也有赌场让你试试手气，也有牌室供大家打桥牌或是麻将，有游泳池，有热水冲浪日晒池，有室内健身房，还有放松按摩室，总之，你在船上生活的这几天已经让你体会到什么是人和绅士的生活。

经过两夜一天的航行于清晨到达百慕大，轮船进港，景致美不胜数。

在住宅区的街道漫步观景，百慕大经济收入全靠旅游业。

百慕大中心商业大街

乘坐气艇沿岸边观景，海岸沙滩的涟沙的颜色有纯白，粉红色非常好看，我们到海滩玩并到海里游泳，没想到热带鱼大大小小就在你

眼前游来游去，这个景致在海水中真是难得一见，下船时忘记买一架水下照相机来拍摄海洋世界的美景。

周游世界，各国旅游，也就是看看不同国家的风土人情，对于一个农业大国的子民后代，他们能有多少能有多高的鉴赏能力，还不是显示自己的土豪身份，口袋里有两子儿吗？中国的古迹数百年数千年，就是旅游环境太差，加上农民土鳖治国，大肆破坏古代建筑，古代文化遗产，如果自然环境继续被没有节制没有计划的恶性发展的话，连目前尚能观赏的景区也会被摧毁。

美丽的百慕大（二）

衣食住行是我们人生谁都离不开的四件事儿，就是乘船出海旅游也离不开这四件事儿。船舱的住房也根据位置决定价格的高低，可以有玻璃窗观海景的房间价格高，一般房间价格低，室内面积和装饰也有不同，基本的舌识大体相同，电视，浴室，衣柜俱全，床也很舒适，每天房间都打扫得干干净净。

　　在旅行结束前的晚餐，厨房的两位大厨（厨师长）走到餐厅与旅客们见面，尤其最后一顿得主菜是烤龙虾尾，结果有的人吃了双份。

　　餐厅经理带领所有服务生向所有旅客致谢并且还向所有旅客征求意见，在船上每日食品供应分三部分：（1）"Snack"就是快餐，点心或是零食，时间从早晨 6:30am—下午 5:00pm，供应食品有三明治、热狗、糕点及饮料包括果汁、混合饮料，冰水。可在露天的任何休闲地区用餐。（2）用餐时间和地点固定，早午晚三餐固定桌号和固定就餐人员。三餐固定每人一份，由服务员送给每人如不够可以再添加。每位旅客在下船前要根据服务员的工作表现和天数给出一定比例的小费，这是他们工资收入的一部分。（3）夜宵，每晚半夜 12:00—清晨 2:00am，主要供应欧亚的国家名食品和小吃，配有美丽的冰雕。

这位是夜宵食品制作的总管。

下面是夜宵部做的冰雕。

夜宵的食品欣赏的时间要比吃的时间长的多，每个国家的风味小吃都做得非常漂亮，只顾看欣赏而忘记吃了，因晚饭还没消化吃不下。

切记，旅途结束后最重要的事情就是减体重，没有一个人可以不减体重。

美丽的百慕大（三）

其实，百慕大群岛并不太大，可要到处都逛到了，就要水陆交通都要利用，我们抽空坐汽艇沿主岛环绕观赏风景，因临海的风景与岛内的确有区别的美。

坐游艇沿海岸观景。

从游艇看到岸上的居民别墅住房和百慕大群岛的中心医院。

观看海景让你心旷神怡，当你看到一眼望不到的边际的海洋世界时，你的心情也会随境变得豁然开朗，对生活给你带来的烦恼和不愉快就会随海风而去。

百慕大群岛热带植物比较多，到处是绿色世界，非常好看。

这里是海湾，风平浪静，从游艇往岛内看只能捡到高处的建筑物，稍低处的房屋全被绿色的树木和灌木丛给屏蔽掉了。

游艇桅杆的旗帜就看出百慕大群岛是殖民地国家，是大英帝国联邦的附属国也就是殖民地。岛内的食品饮料仝是从英国，美国等西方国家进口，他们自己没有工业，只靠旅游事业作为经济的主要收入。

百慕大群岛的海滩是必须要玩的地方，海滩的沙子细而且还干净，颜色近白色，海水清澈见底，热带鱼就在你身边游动，这次旅行最大的遗憾就是没带个水下照相机来拍摄海里热带鱼在海水里的自由的游动。这儿的海水时风平浪静，在海里游泳的最好环境，有鱼儿陪伴，清澈见底能见度非常好，海底的植物很漂亮。

在游轮前在游轮前谈完水上咱们再说陆地上的景致，下船后租了一辆摩托车，出发前在游轮前合影留念，百慕大群岛是英属的国家

之一，它的交通规则和英国一样是靠左侧行车，有的旅客四肢健全的下船骑摩托而去，晚上归来已是绷带缠头手架双拐进餐厅。

沿着海岸线小路到处闲逛，精致很美。

在岛上遗留下来的炮台遗址合影留念。

在山坡上以我们乘坐的游轮为背景的相片，才看到游轮的全貌。

大洋为背景自我感觉良好，世界是我的颇有彼得大帝的感觉体会到独裁者的心态。

在岛上居民区里的留影。

在繁华的城市中心区，也是商贸中心，人来人往车水马龙甚是一片繁忙景象。

其实到海岛旅游较到欧美亚大陆历史悠久的国家旅游是两种不同体会和精神上的感觉，去过绝对不会后悔，在美国最好不要参加加勒比海地区的旅游，内容及景致都很乏味，仅供参考。

美丽的百慕大（四）

在船上的每日生活，起床洗漱后可到甲板观景走步锻炼身体，稍后可以早餐。

风和日丽蓝天白云，可以选择在甲板上吃早餐，边吃边聊边看景。

早餐后稍加休息后，换上泳装可去游泳池游泳，但在船上的泳池游泳可不像在陆地上的泳池，船在行进时池内的水就会有波浪，稍不留意就会呛水。

我们选择了热水冲浪池，即可放松水击到穴位还有疗效，水柱有力冲击肌肉也有按摩发送的效果。饮料也可以放在水池旁边，吃喝都很便利，放松后就到休息区的躺椅去晒太阳，真是乐不思蜀。

173

　　黄昏的晚景甚为好看迷人，这时候，四处观望漫步甲板上是多么浪漫的画面。

　　可漫步于甲板也可以去试试手气，到赌场赌一把，这里的赌场不如称为赌房更为贴切。如果喜欢动可到迪斯科舞厅跳舞蹦呀跳呀，也有跳国标舞厅，任由你选择，静一点就去牌室打桥牌或麻将牌。

　　最后的选择可以走进礼堂，不用费力观赏文艺节目的演出，演出结束后就可以去夜宵，吃饱喝足后就倒头大睡，祝你旅途过"猪"的生活愉快！（写给本命年的朋友）

美丽的百慕大（五）

最后一天停留在百慕大，晚饭后就起锚返航。抓紧最后时间在岛上抓拍了几张照片。

在是古代的刑具，对违法犯罪分子进行处罚时使用，具体是鞭打还是别的刑罚也不太清楚。

住房挺好看，质量也是有保证的，这个城市的建筑也蛮有特点。

商业区的街道和建筑都很整洁，美丽，人来人往熙熙攘攘都是游客。

与古代官员扮演人合影。

离港时巧遇我们桌的服务员便邀请一起合影留念。

　　我们回来的时间可能是十月底，海洋有风浪，觉睡得不是很舒服，总算熬过去了，我的身后右侧的高楼是纽约的帝国大厦。

船正经过自由神像岛，它位于纽约和新泽西州的界河中央位置。

我们身后的大桥是维诺棕纳大桥，是连接新泽西州和纽约市斯登的艾伦岛，皇后区，布鲁克林区，曼哈顿区及纽约州的长岛。

我们两的背后的摩天大楼就是被飞机撞毁的世贸中心大楼，这是唯一清晰世贸大楼的照片了。我们这次旅行是在 1996 年 10 月份，五年后被撞毁的。

美国西岸之旅

美国西岸的加利佛尼亚奥克兰市是我的出生地，我于 2000 年的假期去趟西岸，我们住在硅谷的大学同学-黄仁荣的家，他比我晚一年来美国，毕业后我们在文革初期（1966 年底大串联时去的杭州）在杭州省体工队见过面。

硅谷居住很多中国人，他们都是在这里创业或是打工，这里是电子工业化的前沿阵地，走到镇里有点儿在国内的感觉，有很多中餐馆，中国商店，可以说很多地方都可以看到中国字，我们在硅谷基本没吃过西餐，顿顿中餐我的胃很舒服。硅谷离旧金山不远，附带我们还去了当年我父亲留学的斯坦佛大学去参观。

这就是美国著名学府-斯坦福大学，位于加利福尼亚州帕拉若托市，这里环境优美，也是适合居住的城镇。

这就是美国著名学府-斯坦福大学，我们在校园里随意照了几张相片留念，它位于加利福尼亚州帕拉若托市，这里环境优美，也是适合居住的城镇。

著名的旧金山大桥，雄伟壮观。遗憾的是没能到我出生的城市-奥克兰去看一下六十年前居住的地方，因那时还没有导航仪，找起来不方便，时间太紧。我想在我有生之年一定去我的出生地看一看，不想在我的人生里留下任何遗憾。

上面這张照片是旧金山大桥两头的休息广场，可以停车后随意拍照。

我们在旧金山渔人码头的留影。

这两张是旧金山的著名建筑，名称因时间过去较长已记不起来了，照片里穿白色翻领短袖衫的是我大学同学-黄仁荣，他毕业后分配到浙江省游泳队任教练，他是在 1982 年移民来美国，他在湾区小有名气，在老年游泳比赛年年冠军，同时也是在湾区业余时间做游泳教练。

我们休息了一两天后便驱车前往洛杉矶，开出硅谷不太远就到了一个镇子，名字已忘但这个镇子有许多让人不解的物理现象吸引游客前往参观。

179

下面的这张照片就是神奇小镇子的入口处：

进去小镇子里的房屋就出现了照片上的情况，本来是与桌面站成九十度结果成了我向后仰与垂直线成三十度夹角，我们夫妇两是垂直站立结果就像照片上所反映出来的图像。得不到答案就继续向前走吧！

我们是沿着太平洋海岸线的#1 公路南下，中间休息是在沙滩拍摄以太平洋为背景的照片，有的礁石岛上还有海豚群居，只是我不是专业摄影师，无法拍到这张非常好看和有趣的照片。

　　在到洛杉矶前我们曾到过美国一位报业巨子的庄园，那豪华的古堡别墅装修设计的风格和我们过去在电影里看到皇宫是一样的，可我现在很难从上千张照片里找到呈现给大家，抱歉了。

　　洛杉矶是有许多城镇连在一起称为洛杉矶。有的中国人来过洛市说：这跟在台北没什么两样。这里确实居住了很多中国人，即使不会英文在这里也照样可以生活。

【拉斯维加斯赌场是很多人向往做发财梦的地方，可是富人群里就没有一个是逼过赌发财的，职业赌徒除外，他们是不可以进入赌场赌钱，如被发现会被黑社会打个半死，一般赌徒都会遵守道上规定。我喜欢赌

但没瘾，拉斯维加斯只和朋友一起（2000 年和 2014 年玩两次）才会下场赌。

赌城里的中国城有中餐馆的中国小超市，在赌城玩也会找中餐进食，这个商场的招牌广告雕塑是西游记。

182

上面三张相片是我们从拉斯维加斯赌场返回硅谷时走的路线经过了"死亡谷"，是个沙漠地带也有丘陵及山谷，总之一路地势险要，风景独特，是我们在平原生活长久的人很难能见到的风光。第一张是"死亡谷"里的一家餐馆；第二张是有山丘和湖水；第三张是公路边的雪山；第四张是车行驶在山岭之中，还有白云相伴。

初游夏威夷

因在西岸旅游是临时决定去夏威夷就报个三天的短期旅游团来到夏威夷。

到了夏威夷州的亨拿鲁路机场，旅行社的工作人员接我们直接去旅馆，在楼底下拍个照片，一看这环境就知道在热带地区。休息时间我们到旅馆门口转一圈，等待一会上船进行海上晚餐。除了吃还可看看海景、夏威夷姑娘的舞蹈以及民间歌手唱的歌曲甚为优美动听。

次日清晨醒来望外一片蓝天，特意拍了一张由屋内拍的街景。吃完早餐就上街溜达一下，这里的天气很为奇怪，我们在马路西边走，可马路东边在下小雨。到时间我们乘车去"珍珠港"事件纪念堂参观。

在纪念堂的走廊照摄珍珠港全景，当时在这里停航的所有军舰几乎全部炸沉和炸毁。日本要偷袭珍珠港的情报是被中国情报人员截获并告诉美方而美国没有重视这份情报而遭到严重的后果。

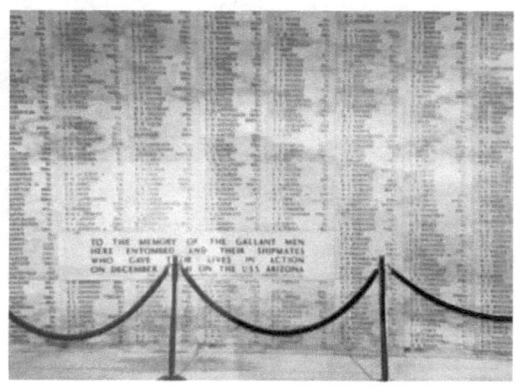

站在这里向下看就是被炸沉军舰的残骸。（上下两张照片都是）

参观珍珠港纪念堂后，乘船回住地。

中午吃完饭去海边沙滩晒太阳，游游泳在沙滩椅子上睡一小觉。我在太平洋游完泳回来的照片没有发，因那时候的体重还没有明显减少，臃肿的体型难以入众人之眼。

我们去一个公园参观，这是一热带植物为主，无论是高大的棕榈树还是灌木林都是在北方不常见的。

在公园里与当地土著居民合影，因为这里的天气非常好，基本上是四季如春，他们的服饰很简单但很好看。每个人都做一个中国"六"

字的手势，这儿可不是六六大顺的意思，这个手势配合口语"阿鲁哈"是他们土著语"欢迎"的意思。

亨拿鲁路的市中心商业区蛮漂亮的，这个城市有条特殊规定，凡是夏威夷土著居民乘坐任何交通工具全都免费（我想应该是夏威夷州全免）。

我就喜欢在这样的地方坐下来，观看着海景，边喝咖啡边聊天，海风一吹浑身上下都舒服，尤其在这儿吃晚餐，喝葡萄酒吃海鲜，酒足饭饱后漫步棕榈树林和海滩人行道，既帮助消化又能锻炼身体，真是休假的好地方。

夏威夷州政府机关大楼，建筑物看得出来有年头了，就其规模真没有祖国城厢镇的办公楼宏伟，这里是为民工作的场所，我国是为了面子给别人看的。

到爱尔兰訪友旅游

　　上面两张照片是在爱尔兰的首都-都柏林的市中心区的街道，人的密度不算大，但人来人往也是挺热闹的。

　　这是我们的挚友-孫玉華医生，她的先生-王铮医生出身于中医世家，我岳父岳母的一切病痛都是请王医生诊治而且我們全家也是请王医生看诊，我们从相识至今已是四十八年的交往了。

　　我们在一个农庄主的庄园里，风景美丽，大片大片的草地，这里好像没人居住，有人管理但又不像景点，我们是站在高处十字架前留影。

　　上面两張照片是一个景点，已经没有人居住，室内的装饰两个世纪前的生活顯示，我记得买了一件小纪念品，是一件印有当地风貌的圆领衫，没想到十七年后我还会写这篇游记，否则我就不穿它了。

　　这是另一处庄园，爱尔兰是个农业国，到处是耕地与庄园，这个国家城市不多，也不太集中。所以往屋外一走就是树木草地，风景优美秀丽多姿。

　　我们在老朋友家感到非常放松，与国内不同是我们与王，孙夫妇三代同堂的聚餐，照实的儿孙满堂。这次旅游除探望游览外，我们最大的愿望是请王大夫给我太太的身体健康状况作已初步诊断，我们这次雖然在都柏林停留时间不长，但每天饭后的针灸按摩加上王大夫給开的中药一天两遍效果的確不错。我们再去其它地方旅游时她的腿脚力量确实有所好转，让我们看到希望。

　　结束欧洲的旅游回美国休息數周再次返回爱尔兰到王大夫家安心住下来坚持一个月的治疗，回美国后我太太天天去俱乐部游泳，每天一千到一千五百米之间，经过几个月的锻炼，体力有所加强。转年，我们回國探亲访友并参加母校－北京体育大学的五十年校庆，结果在坐出租车将拐棍儿落在车上，此后的一切活动都没有任何辅助器材借助下完成，对这样的疗效和他自我坚持锻炼收获到满意的结果。

到瑞士訪友旅游

我们是在 2002 年春天去的瑞士，这张照片就是我太太和我们来美国认识的第一位中国朋友-朱太太（宋全功）在日内瓦湖的留影。

我们和朋友在她家附近逛商店，她家离日内瓦很近，坐火车或开汽车都和方便，而且离法国开车也就十分钟的距离，有时我们晚餐不做了，开车就去法国吃饭。

我们从她家下楼，到处走走看看，周围环境景色秀丽，站在高处可望见日内瓦湖，新鲜的空气，適中的温度，属于居住的地方在世界排名也是靠前几名。

晚饭后，到附近散步，夕阳黄昏的背景，日内瓦湖和远处的山峰，是多么美丽的画面，如把我们二位修掉无论是摄影還是油画均可获奖。

我们背后的建筑师几百年前建成的监狱，今日成为旅游的景点。

　　在瑞士居然還能见到老乡，右一这位女士六十年代初的乒坛风云人物-第二十六届世乒赛的女子单打第三名的王健女士。左一这位也是体操界的名教练-曹丽修女士，她们移民前都是"北京什刹海业余体育学校"教练。移民到瑞士后均改行做餐饮业，生意兴隆红火，我们这年代的人移民国外全是在文革中被逼无奈而选择另辟蹊径。

　　晚上在日内瓦市里，王健请我们吃饭，她在日内瓦市里开两家餐馆，生意都挺好，到国外闯荡都很不容易，"光看狼吃肉没看狼挨打"。

日内瓦市的街心公园花坛设计美丽實用，既美观又能知道时间。

　　这条街道就是日内瓦湖边的小镇子，人口不多，即使游客来到此地，也都是坐船游览日内瓦湖及周边的风景。

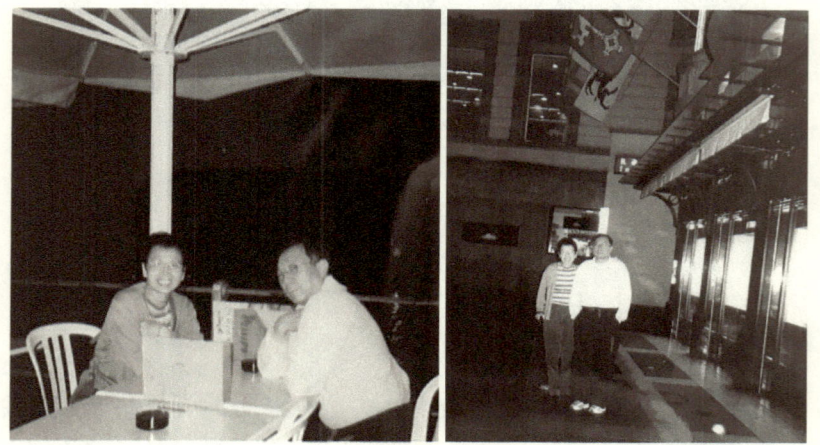

　　这两张照片是瑞士的路增儿市，2002年世界老人乒乓球锦标赛在此地举行，打完比赛在回家前，逛街喝冷饮稍作休息。

到法国旅游

　　二面四张照片都是以巴黎艾菲尔铁塔为主题拍的照片，第一张在较远的地方拍照，否则没有铁塔的全貌。第二至第四張都是在铁塔下面照的。

巴黎的第二景是"凱旋门"，另外從这里向外的大马路就是"香榭俪"大道。

上面三张照片都是"凯旋门"周围的大马跸，路面宽而车不多，马路和人行道都非常干净。

这两张是我們坐船游"塞纳河"，没想到游客都会有意外收获，是你预想不到的景观。船离岸後不久就看到左侧的"巴黎圣母院"，脑子第一闪烁的影子是钟楼怪人和美女，当你還没从你的幻梦中回过味儿来时，河岸两边已是晒日光浴的裸体美女映入你的眼中，船上的游客即没有大声呼喊也没有惊奇表示，其实都很平

淡的观赏。法国女人本身就浪漫热情似火的奔放，与亚洲人的内敛不同，欧美时尚就是日光浴后的棕色皮肤为健康而美丽，中国女人走到哪儿都是小旱伞打着遮阳，唯恐晒黑了皮肤，一到众人聚会的场合马上肤色分明，中国女士都是白而浮囊，欧美时尚女士棕色皮肤肌肉线条明显給人们一个健康的感觉。

　　我只能选出九张照片，因为是临时起意就开车从瑞士出来直奔巴黎，正赶上"世界杯"足球赛，最不巧的是法国强队没能踢进半决赛，我们也想看足球赛，可法国在输球后的心态显得太不大气了，所有法国店铺都不转播世足赛，当我们找吃饭的地方是看到"麦当劳"美国店，结果他们转播足球赛，边吃边看电视再到住宿地放下行李箱，继续开到巴黎已是晚饭时间，只得明天再回来参观景点了。因还要赶回瑞士朋友的家，就匆匆忙忙的看了这几处，连"巴黎圣母院"都没看是非常遗憾的事情，如有机会就再来一次。

到意大利探亲旅游

　　我们是从瑞士朋友家住的镇子上火车，两人一个包间，包间里有自来水的龙头，洗漱不必出包间，只是去厕所要到车厢的两端。沿途的风景很好看，累了睡一觉就到罗马。我太太的侄子一家三口在意大利罗马居住，都在打工生活过的還不错，他们到站来接我们。

在梵蒂冈进教堂规定要衣冠整洁，不准短裤进教堂。我马上拿出裤腿拉上拉链，顿时短裤变长裤，毫无悬念地走进教堂的大门。

　　我们在梵蒂冈帝国政府门前合影留念，这个国家是世界最小的国家，没有军队和警察，因为一开枪子弹就飞出国界了。

　　梵蒂冈城的罗马大教堂，每年圣诞节平安夜全世界都关注在此举行的午夜弥撒，各国电视台都会来人做现场向全世界各国直播，我们在美国也会在家看电视直播的午夜弥撒。

　　我们在古罗马斗兽场外与穿扮成古代斗兽勇士与游客合影赚钱。其实他们的装扮差远了。可惜我國那么多的古代建筑被那些外行的独裁者给破坏了。太可惜了，这就是一个国家的领导没文化，那这个国家也就没文化。

　　这是教堂的圣水池，具說用手沾上圣水画圣号对你的诉求有很灵验的结果，但愿能帮助到更多需要帮助的人们。阿门！

　　罗马古代斗兽场破旧不堪，他们還是注意维修而从不轻易拆除任何有历史意义的古代建筑。

　　请注意看，罗马城市各处都是历史悠久的古代石雕艺术品，几百年近千年的艺术品至今保持如此的整洁干净。

與我太太的侄儿一家三口在路边茶座喝咖啡及饮料，休息片刻再去逛商店。

看看意大利的皮鞋，腰带，女人的皮包等奢侈品。

意大利城市街道的人体雕塑艺术品真是珍品呀！

　　在比萨市的比萨斜塔前拍摄留念具有意义，高一年物理力学讲的重力加速度做实验就是从这儿的斜塔获得结晃。

　　我们在佛罗伦萨市的山顶，展望全市的景致甚为可观。

大教堂的前门的多阶台阶直通大教堂的正门，雄伟壮观让人肃然起敬。

我们早晨乘火车到去佛罗伦萨的路上，正赶上上班时间，半路都有乘客上车，我不记得从哪站上来年轻的一男一女，他们互不相识，男士有一米八五的个儿头，女士身高也有一米七五偏上的个儿。我太太两眼发亮看着那位男士，我也用余光看那位女士，此时我们二人打了平手。我太太向我喊话了說：我不回美国了，留在意大利。我說：嘿！咱两真是俩口子，你跟我想到一块去了，下车退机票去吧！世上无论男女都爱美人。

两次到日本訪友旅游有感

我们一共有两次机会去日本，第一次是 1997 年 6 月份，第二次是 2006 年 5 月份。虽然只有两次，给我的印象极深，环境卫生之干净，人与人之间的礼貌，小至盒装咸菜大至电视照相机，做工精致漂亮，咸菜买回来都不好意思吃，因为包装精致好看，让你不忍心去破坏那个图案。

东京的中国城，干净整洁，没有大的嘈杂之声，无论店铺里的堂吃还是外卖，卫生干净。世界有太多国家的大城市都有中国城，美国的纽约，波士顿，费城，休士顿，旧金山，洛杉矶，矽谷等都有中国城，法国巴黎的中国城我也去过，說句实话，最清洁的还得說是东京的中国城。

我们在去横滨的小火车站里等车时，走进面铺吃碗汤面，没有桌椅，大家都站着吃，味道鲜美，价格便宜，是上班族吃早餐的首选。

我换特意去了趟厕所有意看下卫生情况，结果地上擦得干干净净，滴尿滴水和纸屑都没有，这种公民的公德心，一个国家能不强吗？

我们在东京的新宿一家料理店吃饭，我们每家要了一条活鱼吃鱼片，在美国不允许这种吃法。除活鱼外还有"甜不辣"及蜜索湯，才一百美元，简直是半价呀！

我们在地下商店，各种商品店都有，应有尽有，百货俱全。

饭后我们一起来到浅草的寺院，大家都說这个庙宇抽的签很灵的，我抽到一支上上签，要說灵验還真挺灵验的，我现在基本上是过的平平安安，清清静静，女儿们的工作都是顺顺利利，孙男滴女都挺好，该玩儿都玩儿，该淘气都淘气。基本是风调雨顺，没有烦心事，我的伤也痊愈了，到九月份就可以恢复练习了。

这两张是在横滨的海港照的，按說日本人口的密度是世界第一，可我没有感觉到拥挤，到哪儿都挺顺当。

以上是我第一次来日本，感受颇深：（1）国民素质高，公德心高，礼貌谦和世界排名第一。（2）在我去过的东京和横滨两个大城市裡，边走边抽烟的就我一人，日本人烟民众多，他们抽烟全在一个圈裡围绕着一个大垃圾桶上面带烟灰缸，完成抽烟之后再离开。（3）国民都遵守条文规定，大街邊是厕所都是干干净净，随时清扫，大家爱护保护环境卫生。

2006 年我们是第二次来到日本。除孟麗文老师还有女八中排球队的同学-方凯宁，方凯宁有驾驶执照，她租了车载我们去富士山游览，先在山下可以照富士山全景。没有这张照片别人会认为你没去过日本，多谢方凯宁的驾照。

我们开车走到一个环境幽静的村镇便停了下来，在这里吃了顿以面食为主的日餐，在这小瀑布为背景留影实为最佳选择。

　　这个镇子即安静环境清晰，真是居住的首选，在美国时没感觉村镇的大小，在日本没想到真有如此小的村落，太让人向往了。

　　学生方凯宁来横滨看我打比赛，赛后我们就去这座商厦裡的餐馆吃饭，边吃边聊，尤其是到日本后的艰苦奋斗才有了今天的成果。

　　最后想说几句实话，值得深思的话：（1）到日本扫货买马桶盖儿救不了中国，反思一下，日本弹丸小国憑什么统治中国八年，最后还是败给两颗原子弹上。（2）日本投降后不到十年就到北京開展览会，何等的发展速度。（3 中华民族和大和民族之间的差距是什么？（3）人死了没差距！但活的时候怎么办？（4）正确估计世界形势，发生战争的机遇有多大？（5）如果今后发生战争，我国取得绝对胜利的把握有多大（百分比）？希望把买马桶盖儿的劲头用在思考上述问题

就一定是爱国主义，无论对上述问题的答案对错都是爱国主义。要想生活上获得幸福快乐是需要

动脑子，不是用屁股，把位置选对，否则，到死還是个奴才。

再次去台湾之间相隔四十四年

我这一生两次去台湾的环境心态是截然不同，第一次是 1948 年底北京解放前夕全家逃难去台湾，这次与好友曹开泰先生一起去，他是訪友我是旅游也是旧地重游，这次是在 1992 年春季，1992-1948=44 年。

我们从"桃园机场"乘朋友的车去台北，一眼望去好像台北刚被投放原子弹-台北一大蘑菇云浮在上空，现在明白空气污染是从何时开始的了，因为再从大陆回到台北市的时候，我的脚气复发连走路都困难，我当年還不知道空气水食品污染所带来的危害有多大！

在台北我首次领教吃饭，上酒廊喝酒，唱卡拉 OK，发廊按摩这一条龙服务就称为"台北土特产"。这次来台北市也是由"台北市刑警大队"的大队长做东来请我们吃饭，是一家山西饭庄，就在"刑警大队"大楼的对面，很巧的是我爷爷五六十年代就是这家饭庄的常客，因我爷爷三十年代在山西省农林厅任厅长，多年以后仍对山西面食情有独钟。饭桌上大队长的朋友是为生意人，很想到大陆投资做生意，目标是上海，也谈到具体项目，这都是二十七年前的事了。饭后，大队长吩咐四小队长请我们去发廊和酒廊过夜乓活，当时，有一位先生由始至终都陪我们一起，有一次进门时礼让我手扶他一下后背，知道他内穿避弹背心，我以为是刑警队的人，后来他一直陪我们玩到结束。后来我才知道原委，他是位"黑道人物"，经营"色赌"两行业，他巴结刑警大队队长是为自己生意寻求保护伞。91 年大队长家属移民来美时他就陪同来，虽然我当时开车陪他们到大西洋赌场玩儿，这一切开销和我们在台北的吃喝玩的开销都是这位"黑道人物"包了，这些花销对他来讲是小意思，是多少黑白两道人物梦寐以求想花的钱都找不到门路。

我還到 48-49 年在台北时居住的仁爱路五殁临沂街 59 巷 14 号的房子观看一番，当年，我们還是小学生，觉徔这房子很大，现在一看简直觉得小的无法居住了，从我们当年住的地方是最后还没建成居民楼的平房了。

我在台北去我曾上学的國语实验小学和对面的植物园，也去了总统府和图书馆，这几个地方都是当年常去玩儿的地方。过去感觉地方很大，现在一看，简直不够玩儿的，因时间短促，在临回美前的聚会，都是空军眷区的家属，他们都是当年的中学生，說起当年的生活困难，很少有肉吃，尤其家里孩子多能吃一块肉实属难得，便想出妙招：一到有肉吃时，便叫兄弟的同学来到家门前喊他们的名字說"出来有事儿"，等再回去碗里的肉已光，說的大家开心大笑，当时台湾的生活也是很艰苦，今天都是老板，建筑商，空军的基地司令等职，不必再为吃喝发愁了。当我们去台湾时，台湾人都在炒股票，当时有个比喻，钱多的都快没过膝盖了，說得有点儿悬，也确实如此。

回到美国在"甘遁迪"机场等车时，我的文件箱被阶级弟兄给偷了，所以通篇只有文字没有照片，抱歉了。

我们的自由行之旅（一）

我太太的大学同学—白二宇夫妇于五月二十五号由北京到美国旅游并居住我家，除了回忆过去学生时代的青涩与无厘头的往事，同时我们也准备前往美国中西部的国家公园游览，我们先乘飞机从新泽西州的纽瓦克机场飞往犹太州的首府—盐湖城市，然后租车前往地球上独一无二的生态乐园。

黄石国家公园

这次是我们来美后三十三年首次到到国家公园旅游，黄石公园位于美国中西部怀俄明州西北角，在西北方向延伸到爱达荷州和蒙大拿州，是世界上第一座国家公园。总面积约 8000 平方公里，公园内的黄石河，黄石湖纵贯，森林覆盖面积高达 90%，有峡谷，瀑布，温泉和间歇温泉等地貌，更以数量繁多的热喷泉，间歇泉，绚丽多彩的高山和种类繁多的动植物而闻名于世。

其中最为世人津津乐道的莫过于间歇泉区，区内有着 3000 多处天然间歇泉，占全球间歇泉的一半，是世界上最大的间歇泉地带，这

些地热喷泉是活火山存在的证据，椐说这里的火山每个 60-80 万年便会喷发一次。

百年以前，落基山脉最高峰的河谷地带，剧烈的火山爆发形成了黄石这个独一无二的熔岩高原，山峦，石林，黑曜岩山，喷泉，湖水组成了这个奇幻玫丽的美景，而且，有着丰富多样的动植物，灰熊，美洲狮，灰狼，金鹰，糜鹿，美洲野牛，羚羊等多种动物繁殖生息，被美国人自豪地称为"地球上独一无二的神奇乐园"。

我们是驾车由盐湖城北上走 15 号高速公路，经犹太州进入爱达荷州再进入怀俄明州经杰克森市进入大堤顿（Grand Teton National

Park）国家公园，公路两侧的草原，有美洲野牛群在闲散走动吃草，远处的积雪的高山矗立，景致甚为壮观而瑰丽，一路开车不绝的疲劳，完全被这些美景所吸引而忘我了。我们经大提顿公园由黄石公园的南入口进入黄石公园，我们四人一辆车，加上我们的年龄都在 70 岁以上，只收$10 元钱而且可往返进出公园为七天，真是没想到收费竟如此的低廉。

黄石大峡谷的景致壮观，有三个景点的景观非常突出，令人看过难以忘怀，分别是：Fishing Bridge; Lake Village; Bridge Bay.huoshan.火山爆发后所形成的熔岩山林河谷，让人看过真是心胸开阔，也为世上能有这样的奇石异峰而感叹，实在是太美了，只能说明自己的见识太贫乏了，要想增加知识和开阔视野，就要先读万卷书而再行万里路。

野牛雖不與汽車爭路，但是，所有駕駛員無人與牛爭锋。

黄石公园是非常美丽壮观的，也是火山爆发后形成的天然景观，实在美的让人陶醉在这景涣之中。黄石公园景致吸引人的地方是任何风景区都没有人工斧迹，透着天然的美和秀丽既壮观。

公园内的一条主流河——黄石河，它有很多支流，另外就是黄石湖，面积很大，由于多山，多河加上山谷的落差造就许多大大小小的

瀑布。黄石公园另一个壮观的观景是喷发的温泉，到处是温泉是非常美丽壮观的，也是火山爆发后形成的天然景观，实在美的让人陶醉在这景涣之中。黄石公园景致吸引人的地方是任何风景区都没有人工斧迹，透着天然的美和秀丽既壮观。

公园内的一条主流河——黄石河，它有很多支流，另外就是黄石湖，亩积很大，由于多山，多河加上山谷的落差造就许多大大小小的瀑布。黄石公园另一个壮观的观景是喷发的温泉，到处是温泉，

但能喷发的温泉只有数处成为旅游的热点。我们先去名为 TOWER FALL（高端瀑布），激流的溪水自瀑布由高而下，哗哗的流水声回荡于山谷中，景与声给我的感觉相似处于世外桃源的仙境中，此时的我脑海里是一片空白，留下的只有自我陶醉了；此时的我早已没有任何烦恼，只有腾云驾雾游走在云间；阳光灿烂的蓝天，清凉新鲜的空气透彻于肺叶里，山坡的积雪尚未融化，壮观的景致，高端瀑布的源头。

瀑布自高处激流而下，气势磅礴的直下三千尺，溪水在山谷间缓缓流入下游进黄石

湖，高山峻岭里的柏树林与瀑布。

瀑布源头的观景台，仙境中的"神仙伴侣"。

黄石公园另一景观是活温泉及喷泉，当你在公园里开车时，道路两侧随时可见到白色气体缕缕由地面升起至蓝色天空，非常好看。我们选看的喷泉是 NORRIS GEYSER BASIN 和 WASHBURN HOT SPRINGS OVERLOOK 以及多处温泉，这里是滚沸的温泉，并含有多种矿物质。

温泉顺山坡留下，如能建成温泉疗养的地方该多好。

被环绕在温泉蒸汽之中，因温泉含有不同的矿物质，在阳光照射下反映出多种颜色，此泉水所含矿物质较单一，呈现颜色偏于褐色。

下面几张相片是喷泉喷发的过程，场面壮观。

黄石公园内有温泉三百余处，到处可见，只是有的喷发，有的只是随着地势自高而下的流淌。雪山耸立，翠柏满山坡，山涧险谷瀑布直下，溪水急流勇进加上遍地温泉雾气直上云端，织出一幅美丽壮观的天然景色。

我们的自由行之旅（二）

结束黄石公园的旅游，我们一行四人开车返回犹他州的首府——盐湖城，从西黄石镇沿蒙塔那州的高速公路南下，走了五个多小时便回到了盐湖城。八十年代的冬季奥运会的赛址就是盐湖城，NBA 的职业男篮犹他州队的主场球馆也在盐湖城，虽然城市不太大，但非常干净整齐，我们在市中心的商业区吃的午餐，然后，游览市容

在盐湖城的教堂前留影。

和教堂，大学里的冬奥比赛场馆等地方，第二天飞往赌城——拉斯维加斯。

左一是韩桂蘭和我太太同届体操系教师，國家艺术体操队教练，右二右三是和我太太同班的同学-白二宇夫婦，在韩桂蘭家聚会。

在韩桂蘭家後院合影留念。

在机场租车后前往赌城的旅馆，六月上旬还是淡季，住宿很便宜，每晚也就四十元左右，赌城的美景是晚上，霓虹灯闪烁五彩缤纷。我们上午到达后，便去北体大我太太61届的同学——韩桂兰家

里做客，她做了一桌丰盛的家乡菜款待我们，我们在吃了多日的西餐后，今天可以大饱口福。她是 65 年毕业留校在体操系任教，曾任艺术体操国家队的教练并参加过 1984 年的美国洛杉矶奥运会及世锦赛等，后移民美国定居拉斯维加斯市。晚上韩桂兰陪同大家参观赌城的夜景，虽然 2013 年北体大的六十年校庆时大家在聚餐时见过面，但今日再聚于异国他乡时，大家昔日的学生时代的情谊及生活的画面又重浮眼前。

此三张照片是拉斯维加斯赌城的夜景，赌场，裡外装饰都非常漂亮。

第二天早餐后，我们驱车前往大峡谷，路程不太远，只用了一小时一刻钟的时间就到达目的地。到达大峡谷的亭车场后，有两个选择；一是买票坐直升飞机在空中鸟瞰大峡谷全景，二是买票坐他们的游览车到诸景点观看，我们选择后者。参观票价每位 80 元。上车后先去"空中走廊""老鹰崖""土著居民村"旅游点；用玻璃钢做成的走廊非常壮观，透过廊面向下看就是百十来米深的峡谷底，顿时腿肚

子就有要抽搐的感觉，没想到至今在此地还得了"恐高症"，真是年龄不饶人呀！

在悬空玻璃栈道上照像，两腿多少是在颤抖，壮着胆儿在那儿照张相。

"大峡谷"真是名不虚传，几百米深的沟壑从远处望去真壮观。

在对面的山崖壁上有个天然形成的老鹰形状石雕。我们中午就在这个景点吃的午餐，门票包括午餐，实属难以下咽，美国的食品怎能和中国色香味俱全的八大菜系相比，只能当减肥餐来吃吧。饭后我们乘车到下个景点，这里有许多鸟兽，悬崖断壁；高壑深谷；我想如果飞在空中鸟瞰全景会有另一种

感受。要问黄石公园与大峡谷这两大景点究竟有什么区别？最主要的一点是黄石公园的高山有雪景，有翠绿的松柏树布满山坡，有流水自高而下形成了的瀑布，有激流的河水勇过，也有潺潺流水的小溪随处可见，还有随处可见的白烟缕缕的温泉。如将此处比成世外桃源，当你身体劳累的时候，精神疲惫的时候而来到此处会使你完全放松，从而忘记了疲劳及一切烦恼； 大峡谷虽然不是青山绿水的景致，当你身处这断崖深谷中远望前方毫无障碍的开阔视野，它会给你带来信心，头顶上的蓝天白云会给你带来勇气，当你人生遇到低谷或不幸时，来到这里就是走上我们人生路程的新起点，"大峡谷"就是人生路程的加油站，当你站在这里远望过去，你会感觉伸手可触到天抓到云，哪儿还有什么事情可以难倒你？另外一点就是这两个景点是上帝送给我们人间的最好的礼物，完完全全是自然形成的天然景物，没有留下任何一点人工斧迹（空中走廊除外）。正因如此，每年都吸引世界各地百万旅游者前来观赏，而且旅馆都要在一年前登记预订，如有机会还是来旅游一次也不虚度此生呀！

一次值得回憶和追記的旅遊

事情是發生在 2017 年 7 月初全美擊劍錦賽結束後的故事：自2015 年秋季開始，我太太基本上失去外出的行走能力，所以就有開車帶著她一起去看我參加全美擊劍錦賽在猶塔州鹽湖城的路上還到她弟弟～凱華家探望，所以開了四天半的時間才到比賽地點-鹽湖城。

我比賽結束後，接到我太太的大學同學～于芳晏（右一）及她的學生～趙玲玲（右二）便由鹽湖城往回家走，路經過有風景的地方就停下來。

我太太是 1961 年由天津考入北京體育學院，芳晏是由預科直接升入本科，這樣她們就成了同學，後來我太太加入共青團就是芳晏的介紹人。我們四人都在組織：

芳晏和玲玲都是中共黨員，我太太是共青團員，我是少先隊隊員。組織生活可能我過得比她們少，因為我入隊後就放暑假，我生日

是七月十四号，一次組織
生活沒過就超齡了，我們
都是在組織的人，只是我
的政治命運即短而又不
幸，如同本人學歷開始-幼
稚園，我就是政治圈裡的
一個孤魂野鬼。

離開鹽湖城的第一站
就是"總統山"，在這個
山上留下了前人的神工奇
藝，將美國四位總統的頭
像雕刻在山上，這是人類
史上的奇蹟和超凡的技
藝。在這裡我們留宿一夜
旅店條件還是不錯的。

回家幾天路程，住的條件還沒什麼問題，就是吃西餐對我來講可
以說是受罪，在美國這麼長時間對西餐還是不適應，但法式和俄式西
餐還是很喜歡

在旅館的停車場，兩年前我太太站立没問題。
我太太两年前還可以借助輪椅還可以行走。

芳晏與棣華姐妹俩在新澤西州的大西洋城賭城的木行道上的合影。

　　她們去過拉斯維加斯賭城，大西洋城賭城就是小巫見大巫了，這裡的賭場是因為當時爲了挽救經濟瀕臨破產的大西洋城，州議會決定建賭城于大西洋城增加稅收來挽救經濟危機。

　　她們那次來美國之後，我太太與芳晏及同年級的同學再也没見過面，只能在微信裡相互問侯，他們之間的友情甚好與深，希望我太太的病況能有好轉的機會，我們能再次相聚在北京。

人生友誼篇

永遠的記憶——珍貴的情誼

三十二年前我们全家移居美国于天津火车站台送别时与同事和朋友的合影让我陷入久久地沉思。1980年初，我的姐姐和哥哥终于通过联合国科教文组之朋友关系找到我们，我便开始申请出国与亲人团聚，但我校（天津师大）保卫处就是拖着不给办理，无奈我只好请我朋友（天津某大学保卫处处长）

出面帮忙解决，当我的申请到公安区分局即刻办理后转到市局，七天后便拿到全家的护照（当年能如此快速拿到护照全都拜赐我太太的学生鼎力相助）。

误飞来的一只孔雀（忆我的学生何真同学）

这张照片是我与女排自文革开始到2003年10月的这次见面之间间隔了三十七年，我们聚会在崇文门外的"钱柜"KTV，吃喝唱侃全活儿。（照片从左到右，前排：何真、薛兆玲。中排：景玉芹、齐佩云、杨凤安、胡佩蕴、王京英。后排：焦毓民、满慧文、徐东、胡筠宁、蔚宝珠。）

我是1963年夏毕业于北京体育大学（原北京体育学院），几经波折直到9月30日才被分配到西城区女八中报到，总算是有了工作，对于我这从小学到高中毕业都在"和尚"学校（那时代对男校的叫法）学习，今天到女孩子成堆的地方教课还真有点怵头。假日过后学校恢复了正常教学秩序，我是新来的没有运动队带，体育教研组研究决定成立排球队。其实，女八中在文体方面能扬名北京市的是"孔雀舞"和"乒乓球"，每逢国庆节或是欢迎外宾都有我校的孔雀舞方阵，曾受首长的好评。我也由此而受益，在64年初，由北海公园主办的"冰上游艺大会"，当时他们找到我（因我毕业于北体大水冰系滑冰专业）作节目，我把舞台表演的孔雀舞改编成冰上舞蹈，当时在演出现场还接受北京广播电台的记者访问，用今天的话来说也算火了一小把。

2006 年再次与校运动队的同学和老师聚会在隆福寺的"娃哈哈"饭庄，我与女排合影留念，只有左一的杨克上次没来。

招收排球队员的那天是在后院篮球场，当时是"飞来了一群孔雀"，我记得招收第一批队员有初一的齐佩云，初二的方凯宁，初三的杨凤安，高一的何真，薛兆玲，汤小泉，高二的沈成枝，陆文惠，叶宁宁，程琪，马思等人（插曲与玩笑：我太太对我记女孩子的名字颇有微词，你要告诉他去做什么事情转脸就忘，你要问他从小到大的女孩子的名字，他都能叫上名字。咳！没办法，爹妈给的。哈哈———）。何真是在孔雀舞中跳孔雀头的位置，举足轻重是腕级人物，来到排球队只是过客，但他的活泼率直和爽朗的性格给我留下深刻的印象，遗憾的是我不知道她与我中学最要好的同学在同一单位工作—首都经贸大学，而且住同一家属区，08 到 12 年我两次到同学家，结果失去两次见面的机会。今年一月一号，在何真与疾病经历几年的抗争后，终被病魔吞噬了她的宝贵生命，丢下留在人间的遗憾撒手离我们西去。何真，忘掉人间的遗憾与不快，安心的走吧！减轻你的亲人和朋友们对你在路上的牵挂。

最后，我只想说一句话：我们大家要愉愉快快地好好地高高兴兴地活过每一天。希望我们大家都记住小沈阳的一句话：眼睛一闭再一睁，一天过去了。眼睛一闭再没睁，一辈子过去了。能吃透这句话还有什么想不开的呢？

2006 年在北京隆福寺的"娃哈哈饭庄"聚会后的合影留念。（从左到右，前排：乔淑芬、郭湘生、马思、吕晓玲、胡佩云主任、程友智老师我、段玉质主任、焦亚林老师、王京英、安莉。后排：杨克、徐东、满慧文、薛兆玲、景玉芹、杨鳯安、何真，劉燕蓀、蔚宝珠、XXX、赵寶暖。

回忆六十五年前的发小

我的发小都是父母亲朋友和父亲同事的孩子，我们都是同一年轮里（1935-1946）的一起长大的没有血缘关系的兄弟姐妹。全部都是知识分子的后裔，天生的臭（老九）黑（五类）帮，中国七十年的历程证明没有这个"帮"祖国的发展将是瞎扯。

我父母亲的朋友-张廷举和常习静夫妇，张廷禹和张漪洁，王锡龄和张瑞娣，他们都是教师。张廷举和我父亲当年都是在美国加州斯坦佛大学的留学生，回国后到 1953 年他又介绍我父亲到北京矿业学院工作任化工课程的教授。他和张廷禹是亲兄弟，我们称张廷举为"四大爷"，称张廷禹为"六叔"，他们二位的父亲是张国相，也是奉系张作霖大帅之拜把兄弟-张作相的侄儿，王锡麟伯伯的大哥-王锡衡在美国定居并与我父母亲是好朋友。

我们在1946年夏季从美国，我父母亲和张廷益的夫人-常习静女士（左一）于公园的合影。

我的"四大爷"之长女-张智慧和夫君于国荣，中国农业大学教师和领导干部。

次女张智玲与夫君冯啟禧送给我母亲的结婚照片

我称张智玲为"二姐"，二姐和我妈妈关系挺好的，因大姐很早就上大学，1953 年当八大学院由各地迁入北京，大姐智慧考上农业大学植保系，她也是最早被洗脑赤化的一批，积极要求进步靠拢组织，因住校见面机会甚少。当年二姐在西城西什库大街的三十九中上高中，我在东城二十四中，每周末我都到她二伯父家见面后一起回家（五道口北京矿业学院）。二姐毕业于北京师范学院生物系，分配到北大附中任生物学科教师。二姐夫-冯啟禧所学专业是雷达方面，转业前服务于海军舰队，转业后到北京矿业学院任教。他们婚后育有一子，因我二姐有先天性的心脏二尖瓣狭窄的病，生得一子实属不易，多么温馨的三口之家。这三口之家在文革中想平安度过连门儿也没有呀！冯家在香港是知名的名门望族，在香港商界不說是翘楚也属大家之列。在改革开放他们去了香港，可二姐不适应香港的生活又回到北京，儿子留学在澳大利亚，不幸的是在 2000 年左右，二姐因心脏病去世，儿子车祸意外身亡客死他乡，不久姐夫啟禧也因癌症而过世在香港。

张家四爷有四名子女，男女各二，三子-张殿祺大我两岁，毕业于北京师范学院数学系，在北京兴平机械厂业大任数学教师，他的夫人叫杨翰莊，毕业于四川高校分配到北京与殿祺同一单位相识而后结婚并育有一女-张喆，她在美国留学后现在美国工作并定居在加州

湾区。杨翰莊在怀第二胎时单位让她去劳动锻炼（文革期间叫"拉练"），今日回想让孕妇拉练是一件何等残忍而且没有人性的决定，

当时正是台风劲吹时刻，本来在屋里避风，上级让大家迅速转移，一位妇女刚出门被台风给吓回屋里就没再出去而捡回一条命，可杨翰莊听话开门走出去就被台风吹倒被吹进大海而身亡。事后发给张殿祺的抚恤金 150 元人民币，工人死难家属就质问领导：怎么一条人命比一条驴腿都便宜？我正巧骑自行车路过他家就进去看看殿祺聊会天儿蹭顿饭，一进屋内只见他正对翰莊遗照抽泣，我这才知道发生惨事。毛泽东的思想："人定胜天"这句话究竟害死多少无辜的生命。殿祺的二任夫人也于两年前去世，现在也因稍有语言障碍而住进养老院。四大爷的老儿子是老高三插队内蒙，并且结婚安家在内蒙，改革开放以来下海做生意成效不错，就是错在车祸意外身亡，老天爷真不公平，兄弟姐妹四个幸福家庭，他们都是忠厚老实之人，竟有三位病逝三位意外事故身亡，真是天理何在？

王（锡龄）伯伯和张姨的独子-王瑋兄，我去年十一月曾在天津王兄家中见面聊天儿，因时间关系只在王兄家待了几个小时。在我们这堆发小里，王兄的礼节和礼仪方面是我们的典范，从小至今一成不变，王兄在我们当中实属规矩老实，喜欢吟诗和钻研数学，王兄因出身大学没上，自学成才在中专技校任数学教师。

这张照片还是发小-张弘发（后排左二）给我的，前排右一是他姐姐张晶心，中间坐着是他们的母亲张（漪洁）老师，我称为"六婶儿"，右一坐者是我母亲，后排右一是我。

　　我与他们姐弟两于 1952 年初（好像是在春节前的一月份）相识在天津，每个周末都一起玩"踢罐儿电报"（天津捉迷藏游戏中的一种），玩的兴趣特别高。有时一起玩扑克牌，什么"摸鼻子""信不信"等游戏，我都是他们中的赢主，至今我们都有联系。张晶心和孙孝然夫妇和孩子居住在加拿大的多伦多市，只是张晶心患小脑萎缩症，对人与事不太有记忆，前几年他们全家旅游路过纽约市，我曾驱车前往看望他们，大家都挺好，晶心身体健康状况挺好，只是对过去的人与事记忆差一些。张弘毕业后分到保定市工厂，他们姐弟两都毕业于河北大学外语系，姐姐是英语专业，弟弟是俄语专业。张弘目前与革命伴侣尽情享受晚年生活，我如再次回国定抽空到保定看望他们全家。文革期间，他们姐弟两的父母难以接受这种来自学生的肆意侮辱人格与尊严的行为而含恨含冤自杀。实际上，我们都与自己的长辈一起来忍耐这场毫无人性的政治灾难，长辈的灾难必定要反映在我们的身上和思想上，我们忍过来人必定能看到制造人间惨案的统治者也会得到同样的结局。

　　我们这帮四零前后的人，即享受过美好和优越的童年生活，也遭受过独裁统治地人间政治炼狱生活，我们比我们的长辈幸运，我们只遭遇十年的浩劫，总算是活过来了并脱离了政治地狱。

　　我与张弘（左二和左一）在天津的原来墙子河的小桥上合影。

与发小-刘全印夫妇合影

与发小李程善（左一），闫浩平（右一）刘全印合影

我太太与李太太（左一）和刘太太合影

发小刘建城夫妇（左二一）和李程善夫妇合影于成都

　　矿院发小就是我们的家长都是北京矿业学院的教职工，我住家属五号楼二号门三层，刘全印家住五号楼二号门一层，他的父亲-刘宝成是体育教授，1936 年德国柏林奥运会中国男篮的主力中锋，他家有八个兄弟姐妹，全印是行二，上有姐姐-刘柏林，在成都医院工作。妹伯琴、弟全福、妹诛安和诛明、弟蓟生和已过世的妹妹-莹莹。

　　李程善的父亲是矿院知名的老教授，他是李家唯一的男孩而且还是最小的老儿子，他上边都是姐姐再加上母亲，真是千宠万爱集于一身，也真没想到李少爷也能吃苦耐劳支撑起一个温馨和睦的家庭。

　　闫浩平（绰号：胖子）的父亲是与我父亲同属基础课部，他父亲是数学教授，浩平有一个弟弟阎正平，妹妹的名字我忘记了。妹妹是中国戏校的学生并与张君秋京剧大师之子是同学，在正平的婚礼上，张君秋京剧大师父子同来参加婚宴，在与大师交谈中他非常谦和。文革中学生土包子也不识国宝国粹以及价值连城的古代名人字画，古玩。多亏浩平仗义开车帮助大师将具有价值的字画，唱片，国宝级的文物转移到安全地带保存起来。浩平也是为保护国家文物冒险出力，没有胆量，没有正义感，没有良心誰会干这事儿？

　　刘建成的父亲是矿院图书馆馆长，我们都很少看到建成的哥哥，他是空军驾驶员。建成的姐姐大学毕业好像是分到外地，建成于北京钢院毕业后分到四川成都制造电子管的军工厂至今。建成幼年因母亲奶水不足，便买了一只奶羊挤奶喂养，所以他的小名就叫"白羊"。建成也是我的救命恩人，1955年暑假，我们每天早晨打篮球，下午去颐和园游泳，那时我刚学会有蛙泳，便想尝试游长一点的距离，当开始游了几十米后突然心慌便身体下沉，多亏建成在旁发现拉住我的上臂从水里托出水面捡回一条命，否则今日就是相隔阴阳两界两重天了。

我的这几位发小能有今日的温馨和睦的家庭生活都因身边的革命伴侣相助相慰，我们今日都是潘鬓白发的年纪了，回忆能让我们的童年、少年、青年的青春画面

给我们注入生活的激情，让我们的老年生活内容更加丰富多彩。

这次是我太太与我最后一次回国探亲访友，目前她已经不能站立和行走生活基本不能自理，这张照片保留的价值就更大了。

这张照片是与发小-闫浩平夫妇、刘仝印的妹妹、弟弟的合影（大姐-刘柏林，小妹-莹莹、弟弟-刘全福在外地）。

从左到右：刘蓟生、刘伯琴、刘诛安（站立左）、刘诛明（站立右）、闫浩平夫妇（左四 六）。

怀念母校——写在北京体育大学六十六年校庆前

2003 年 10 月北体大五十年校庆时，56-60 届的击剑专业同学与教练合影留念。

现在有学校名称的牌楼，我当初于 1958 年 9 月初入学时都没注意是否有校牌。

还有不到两个月的时间就是母校六十六年的校庆了，六十六这个数字对中国人来说是个具有"吉祥、吉利、大顺"的含义在其中，我也借这股喜兴吉祥之气，来叙述我人生道路里很重要的大学五年学习生活。

【初入政治学习班，五年没领到毕业证书】

    1958 年 9 月初开学步入我人生路的新的里程碑，是我脱离青少年清纯无知走向逐渐成熟最重要的学习阶段，入学后，遇到第一件事是学校的院系调整，从过去的体育系和运动系改成按专业分系外再加上理论系，全院共设六个系（田径、体操、球类、水冰、武术、理论），我当时就决定选击剑运动为主项拳击为副项在武术系完成业务学习。

    分完专业马上就进入正常的学习训练阶段，我们入学正值新中国成立后的"第一届全国体育运动大会"召开的前一年，同年也是建国十周年，全国的政治形势一片红火，在"十五年超英赶美""超英1070 万吨钢"响亮口号感染下，你想放懒歇个晌儿的时间都没有。我们击剑班拉到城里"什刹海体校"，北京正召开全民体育运动大会来选拔北京集训队，我们全体做击剑裁判，其他时间进行训练，比赛结束后，马上返校下了车放下行李就开始大炼钢铁的超英赶美大跃进政治运动。

    院里号召同学们紧跟形势，要敢想敢干大胆制定个人的本专项运动成绩的计划，何时通过一级运动员称号，何时通过运动健将称号，那是个还不会走就得会跑的年代，是脱离实际没有科学的年代。

还有通过等级运动项目，全院各大专业场馆基本是全天开放，我先开始通过了拳击，接下来又通过了中国式摔跤和国际角力的自由式摔跤，我又奔球类馆去通羽毛球，真是累得天昏地暗，总算当年北京体院的伙食真不是盖的，就这么累我的体重由 55 公斤长到 65 公斤直保持到出國前。

冬初，我们击剑班全体拉到瀋陽参加"全国击剑裁判员训练班"，结束后到"全国 25 省市击剑、技巧锦标赛"大会做裁判，并有幸和三位 56 届的师兄到哈尔滨市击剑队做教练进行赛前训练，我负责女子花剑的训练，对我来讲是一次难得的学习机会。

冬训过后，对我们来讲，"第一届全国体育运动大会"就是头等大事，在大会召开之前，我又有幸参加两次射箭比赛，应该是 59 年的 5 月份参加"全国射箭锦标赛"

做裁判工作，多学会了一项体育运动项目的技术和规则，比赛结束后又多一次难得实习机会，参加了"中波两国射箭友谊赛"的裁判工作，也因此次的学习和锻炼，"第一届全国体育运动大会"我被分到"官园体育场"射箭比赛场地担任裁判工作。最难忘的是大会组织者-国家体委和国务院副总理-贺龙元帅招待全体运动员、教练员、领队、裁判员、大会全体工作人员于"人民大会堂"的宴会厅共七千人，可惜我在移民来美国时，将宴会邀请函和宴会上的菜牌及运动大会的秩序册等宝贵资料没带出来，甚为遗憾。

十周年国庆日活动里对于我们体育界来讲就是"第一届全国体育运动大会"的胜利召开和圆满闭幕，我们回校后大家进行了认真的总结，然后整理行装，参加劳动锻炼，地点是昌平区"秦城监狱"。我们刚到劳动地点是晚上，便开始上夜班，每天都是夜班，白天睡觉，黑白颠倒数日后，我们赶上休息日，并和公安部队赛篮球，系里通知我为系代表队参加比赛，赛后与战士聊天方知是高级监狱，我们得到许可到各处参观，每间牢房，洗衣房，医院等地方，我们才是第一批进住"秦城监狱"的"好人"而不是"犯人"，也是此监狱建造的参与者。

在击剑专业两年学习和训练里，除学到我从未接触过的技术项目，尤其是在政治方面有所收获，我真的不懂政治和业务的关系，什么玩笑话可以說，什么话不能說，这些在我脑子里稍有开窍，离懂得和正确運用相差甚遠。

【两年击剑三年冰球，感谢恩师的教诲】

当年的南体操馆，3/5 是体操系用，2/5 是武术系的重竞技项目用馆，我在这里有两年的训练时间。

我今天身上所有体育技能全是五年里向恩师学到的；主项-击剑教练-黄占鳌先生，他是传给我们击剑项目的三种剑的技术和规则，并为我们争取到参加"全国击剑裁判员训练班"学习，并在"全国25省市击剑、技巧比赛大会"做击剑裁判，而且还有机会被黄教练派到哈尔滨市女子花剑队任教练进行赛前的训练。我在这两年里还做过"全国射箭锦标赛"，"中波射箭友谊赛"等赛事的裁判工作。

在这里，我学习和练习摔跤、拳击、举重和武术项目，我的拳击教练有两位；一年级的副选课拳击教练-陈新华先生，他在我国拳击赛事上独一所有胜对手的记录全是 KO，他教学语言简练，能說到重点要害处，在实战中头脑清晰冷静，抓到对方的空隙时间精准。我的第二位教练是五年级利用业余时间和几位原拳击专业的同学一起练习时指导我们的是王守忻老师，他是全国比赛次最轻级的全国冠军，他的步伐灵活，善于闪躲防守。

王德英教授；他是中国式摔跤和自由式国际角力两项全国冠军，他的动作灵活，无论进攻或防守，变换速度快，看王教练比赛真是观赏性甚高。我尤其欣赏他的教学语言，语言简练幽默，特别容易加强记忆。

武术老师是成传锐先生，他的"奇形剑"在全国比赛荣获冠军，他也是我国著名的武术家，我的太极拳、初级拳一-三路、初级剑都是得到成传锐老师的亲传。

从 1960 年 9 月起，我转到水冰系后，就与这"游泳馆"结下不解之缘。

我的冰球是冬季室内外的运动项目，过去只是室外，初冬便离开北京去东北黑龙江黑河地区训练，这样教学经费太高，到 1962 年冰上运动项目全部砍掉，在这馆里游了一年的泳总算游到毕业了。

在水冰系我曾有四位老师教过我，穆秀兰老师，乐伟老师，庞志忠老师，杨秀浩老师。我三年级刚转到滑冰班，除我一人是冰球专业，其他人都是速滑专业，我就随速滑班一起接受陆上练习，所以我的第一位游泳教练是穆秀兰老师，由我进游泳馆只会蛙泳到学会四种姿势，穆老师费了不少力气，我不是个听话的学生但我挺怕穆老师的，直到六十岁之后五十年校庆见面时才敢当面說笑。乐伟老师是冰球专业同时也把速滑班的训练课一起接了，除冬季练习自己专项外，其他三季练习就在一起，我的游泳成绩：自由泳的百米成绩由初学到破 1'18"也是在乐老师训练下进步的，这个成绩在当时作为冰上运动员来說已经算可以了。临毕业前，参加第一次也是最后一次冰球比赛-"北京躍進杯"冰球联赛，庞志忠老师是我们队的教练，最后以全胜战绩获得冠军。

我当年入学时，学校有游泳馆，田径馆，南北体操馆，国家队体操馆，南北球类馆，室外的足球场，田径场，射击靶场。还有学生宿舍南一楼和南二楼及北一-三楼共五栋，教工宿舍楼-红一至红七楼。

　　这是田径馆，除上冰以外，雨雪天或是身体素质练习的需要，我们都会来到田径馆训练，五年里来过数不清的次数，这里也是全校文艺汇演的场地。

　　在 1956 年捷克斯洛伐克功勋运动员-扎托佩克（长跑 5000，10000 米奥运会冠军）和夫人-扎托佩娃（奥运会女子标枪金牌）来北京体育学院参观时說：学校的建设和设备在世界的体育院校应数第一，只是中国的运动成绩还不是第一。数十年后的今天我们的体育成绩在 2008 年的北京奥运会已经达到第一了。

　　最后，感谢学校对我的教育与培养！向曾经教过我的所有術科和理论课老师深切的三鞠躬！

"懷念戰友" ——缅懷五年大學同窗生活

上面兩張照片攝于 2004 年，也是我們 58 屆滑冰班畢業後四十一年的首次全體聚會，照片裡的男六女二除呂雅群是預科（女子花樣滑冰），余下七人都是 1958 年考入本科。我是兩年後因困難時期，58 屆擊劍專業撤消後轉入水冰系的滑冰班，我的選項是冰球專業，他們都是速滑專業。

我的思想跟進速度如蝸牛，可人生路上的行走就像坐高鐵，轉眼間就要到人生的總站了，我們七位已有三位老同學相繼離去，我年齡最小也是八零後了，裝嫩為時已晚，只留給我們時間去回憶同窗學生生活時代的軼事趣聞。

余志和（1938 年 10 月 19 日-2008 年 5 月 21 日）享年七十歲。志和性格活潑開朗，說話幽默，時而裝傻充愣，時而又抖激靈，他和馬維善可稱為滑冰班的一對兒"瑰寶"。

志和專業訓練上非常認真刻苦，而且綜合素質也好，所以，在球類、體操、田徑等項目技術方面都能較全面掌握要領。他很聰明，做事也用腦子，就是不會玩兒心計。畢業後，他分配到上海"華東理工大學"（原華東上海化工學院）體育教研室，除教體育課外，課外活動帶足球隊的訓練和比賽。可在文革後評工資和職稱時，被教研室的同事玩兒心計給算計了，最後弄到院辦才依照政策文件解決。

穆秀英（1938 年 7 月 14 日-2017 年 9 月 11 日）享年七十九歲。她是"游泳世家"的後代，其父穆老（成寬）先生是華北及京津二市的名人，解放前，在天津游泳池與傲氣冲天的外國運動員同池比賽，結果，當年的穆老以優勢勝出，為中國運動員爭得榮譽，也成為民間傳的佳話。她的兩位兄長也曾是我國泳壇名將，二哥～穆祥雄在五十年代刷新男子一百米蛙泳世界紀錄，兩位姐姐也曾是冰泳壇上的名將，大姐～穆秀蘭還是我們冰上班的教練。我们叫管秀英叫三姐，大姐是老師，三姐是同學，後來，因踝關節受傷手術後就轉到游泳專業訓練了。

劉長江（1940年1月26日～2019年12月10日）享年八十歲。他和余、馬都是北京三十七中的同學，又都考入北京體育學院，又都在同一專業～速度滑冰，實屬不易。長江身高一米八零，瘦高挑兒大长腿，滑起来在冰上甬兒帥，特有范兒，尤其彎到滑行單臂或雙臂擺動配合，姿勢甚為優美，我記得在1963年初于北京"什刹海"天然滑冰場，由"新體育"雜誌社的攝影記者～于炎雄先生拍攝的長江速滑彎道滑行技術並刊登在"新體育"雜誌畫頁上（具體哪期刊登載的日期我記不清了）。遺憾的是他較早的時間在訓練中腰部受傷（可能在二年級），此後，基本上就沒有正常的進行系統性的訓練。他的游泳技術也很好，尤其是蛙泳成績可與游泳班的一些同學較量一番。

畢業後，分配到北京東城區業余體校游泳教練，文革後，任東城區業余體校校長，游泳教練，短道速滑國家裁判，國際裁判直到退休。

鄭大成（1938年7月7日生）是從北京男四中考入北京體育學院，他曾是北京速滑隊隊員，他的成績尤其是短距離突出，北京市500米速滑紀錄43"8已近六十年無人能破大成所創的紀錄。他訓練非常刻苦，我們與專業隊又不一樣，我們是半專業半業余，只有冬天冰季到來之際，抓緊時間到黑龍江省的黑河地區訓練。他也是很全面的人，足球，籃球，乒乓球等項目都很好，分到哈爾濱市中學當老師，後來到七十年代初，調到市體委體工大隊任冰上速滑教練，培養出女子全能冠軍～楊可心。出國比賽規定是教練員與自己出賽運'84訂T同行，但出國名額被別人走路子給換掉了，很多人都勸他去找體委主任，他說我憑技術吃飯，就是不去找領導，有骨氣。後來改為短道速滑教練，並評上國家級教練員。

241

馬維善（1937 年 9 月 7 日生）在北京體育學院標緻性人物，上至院長廣至北京體院家屬，幾乎是無人不知無人不曉，是個喜劇性人物，外表看着傻里傻氣，內心思維缜密，誰想哄騙他那實屬不易。

通過一件事能看出的問題：1961 年，國家人禍天災吃不飽飯，中止訓練臥床休息節約熱量。院方為了同學們的身體健康着想，便組織射擊隊和摩托車隊一起去內蒙自治區去獵殺黃羊，黃羊是用大卡車運回學校，給全院同學改善伙食增加營養，各宿舍自帶容器領 "紅燉黃羊肉"。我們哪有可盛全宿舍分到的羊肉菜盆，只好用臉盆，可誰也不願意用自己的臉盆去盛羊肉，馬維善說用我的，媽呀！我們都知道馬大哈的臉盆是白天洗臉當臉盆，晚上他懶不去厕所拿臉盆當尿盆用。沒辦法，只能用大哈的臉盆把肉盛回宿舍，風掃殘雲般的狼吞虎咽，尿盆見底了。

尿盆盛肉裡的哲學：（1）盆主的鬼心思：你們嫌髒我自己吃個够。（2）人在飢餓中挣扎時，首先選擇是活命。

臧士達（1937 年 4 月 17 日生）在班裡人稱 "二哥"，和穆秀英都是从天津考入北京體育學院，選項都是速度滑冰。士達較為內向，平時不太愛聊天，為人還是實在誠實，練習認真。畢業後分配到天津河西區業余體校游泳教練，後調入天津市衛生學校，改革開放時并入天津醫學院，退休前曾任體育教研室主任。

我是 1940 年 7 月 14 日的生人。我的一生是平凡的一生，但我的人生路被自己走得坎坎坷坷，總是在錯誤的時間、錯誤的地點不合時宜的講實話真話。

本人的簡歷：（1）政治面目：中國少年先鋒隊隊員。

（2）政治結論：不戴帽子右派；5/16 現行反革命分子。

（3）工作結論：大學畢業後被分配到北京教育局，在北京西城區中學當九年教師，在天津高校當九年教師，共做十八年教學育人工作。我對蒼天發誓：我的十八年教師工作：我對得起我的學生；我對得起我的良心；我對得起人民發給我的工資。

（4）本人八年高中大學個人鑑定：此人基本上擁護三面紅旗、勞動觀點差、自由散漫組織紀律性差。

群衆關係好、學習成績優秀（北京體育學院）。

（5）感謝我在中國三十五年（1946～1981）生活和學習及工作中幫助過我的老師、同學及同事們，讓我從不懂事頑童到不懂政治的老師，我已無任何遺憾的回到美國與親人團聚。

怀念我的击剑专业教练黄占鳌先生和王守刚先生

今晨（7/26/2019），我收到 61 届田径班我太太同学-于芳晏学妹的微信，告知我们的击剑专业教练-王守刚先生去世，借此短文以表我他们的怀念和敬重之心。

这张照片是 2003 年 10 月份北京体育大学（原北京体育学院）五十年校庆时击剑专业（56-60 届）学生与老师的合影（左六-王守刚先生，右五-黄占鳌先生）。

2006 年 6 月份击剑专业部分同学（55-58 届）返校与王、黄两位老师合影。

1958 年春，全国拳击锦标赛在北京举行，我利用课余时间观看比赛，发现，次轻量级北京运动员-费志成是我"育英小学、初中"的同学，高中他考入崇文区十一中学。一个月过后，北体大重竞技系招生介绍表演在中央戏剧学院举行，我和同学一起去参加和询问有关报名等问题。在重竞技的项目里包括举重、拳击、击剑和

我的击剑运动领路人和主教练-黄占鳌先生。

摔跤（国际角力和中国式摔跤），在击剑的花剑表演的两位选手中其中一位是我们育英中学的学长-黄占鳌先生，每年全北京市中学生运动会，他都是代表我校在中距离跑夺冠的选手，而学长于 1954 年高中毕业后考入北京体院，经过刻苦练习终于在 1957 年全国击剑比赛中获得男子花剑亚军。同校的同学和学长的体育事迹激起我报名参加考试，最终考取了北京体院。

入学后正赶上五八年大跃进的形势，学校从体育系和运动系的建制改为田径系、球类系、体操系、水冰系、武术系和体育理论系，我毫不犹豫的选择武术系的击剑专业，黄占鳌先生就是我的启蒙教练，我们从基本动作学起，由于当时年代的政治形势的逼迫，制定个人学习计划，今天回头看就是一群没头脑的傻子在发疯说胡话疯话，好景不长，大跃进最后的结局：天灾人祸主要是人祸，没收成没粮食饿死数千万人，具体到大学就是院系调整，我们武术系的击剑专业只保留了 59 和 60、61 共三届击剑专业的学生，57、58 两届被调整，基本都转到武术专业，而我选择转去水冰系的冰球专业。可我的专业领路人和教练-黄占鳌先生却被调整到北京男五中，从此离开专业。而我也从 1960 年起到 2017 年再也没碰过剑和参加比赛。

我再见到黄老师是 2003 年 10 月的校庆，一晃眼四十三年过去了，师生感情还在，聊叙别后的情景都有说不完的话，再次见面黄师母也参加了我们的师生聚会，我记得是在学长-郑宝兴家，除我全是 56 届击剑专业的的学长们，自那次最后一次见到他，直到黄老师因

病去世。虽說与教练只有两年的一起师生训练生活，但留在心里的情感却是一辈子的享用与怀念。

我敬重的教练和击剑运动事业的开拓者王守刚先生

王守刚先生是我国击剑运动开展之鼻祖级人物之一，就中华人共和国来說，我前面的话是正确的。1953 年在天津召开的"发展全国民族体育运动大会"上，体育界的留学日本的贾玉瑞先生（後为北京体院水冰系主任）介绍击剑运动给大家，有资料可查，参加当时表演的有北京的王守刚先生，興连立女士，王恩珠女士，

天津市的王建奇先生等人。北体的前身名称为"中央体育"，始建于 1953 年 11 月份，由开始招生是 53 和 54 年两届大专班，本科生是 1955 年为第一届，后来还请了苏联专家来教授现代击剑技术，我国还派了留苏学生到列宁格勒大学学习击剑技术并在比赛中获得列宁格勒的佩剑男子个人冠军，他就是五十年代湖北体育学院的击剑专业教练-沈守和先生。他们都是我国击剑事业的先驱人物，也是鼻祖级的人物。王教练他在任教期间曾获"1953 年全国 25 省市击剑与技巧锦标赛"的佩剑冠军，曾是北京击剑队的教练，1959 年曾为中国击剑队的教练。他为我国的击剑事业费盡毕生的精力，关于文革

后的有关王守刚先生的事迹因我移民美国了解不多，但我向您为中国的击剑事业所做的贡献致以崇高的敬意。

2012 年我退休后回国探亲访友时与王教练和学长-刘中立的合影留念。

最后祝愿两位前辈安享天国无烦恼，无忧愁的安祥生活，您们留给我们一切美好的回忆将永存我们的心中，您们的努力已使中国击剑运动立足于世界，成为世界击剑运动的强国。现在，您们可以安息了！

我們的好教練、老師、大姐穆（秀蘭）先生

穆先生是天津著名游泳世家的長女，一家兄弟姐妹八人（四男四女），在五六十年代有六名子女都是我國冰泳雙壇的名將，名教練員和裁判員或體育工作者，也有百米蛙泳世界紀錄創造者。

穆先生（12/6/1929—12/22/2019 享年九十歲）是 1953 年北京

體育學院成立時，由北京師範大學體育系畢業前夕調入北京體育學院直至退休，把畢生精力獻給我國的體育事業，我國以最短的時間從東亞病夫而成為世界體育強國，老一輩的體育工作者是我們的榜樣，他（她）們太累了，祝願他（她）們在天上樂園安靜地休息吧！

我們是 1958 年考入北京體育學院，當年中國正處于頭腦發熱的狂熱時代，我院也進行了改制，由原來的體育系和運動係改成立六大系，即田徑系、體操系、球類系、水冰系、武術（重競技）系和體育理論系。我們 58 屆冰上專業前後共七名（六男一女），我是在困難時期武術系的擊劍專業被取消後于 1960 年 9 月轉到水冰系的冰球專業。當時滑冰班的教練是穆先生，我因不能約束自己，生活上較為自由散漫，我挺怕穆先生，雖然練習還是刻苦認真，但因她是黨員，也可能是那個年代經常搞政治運動"後進分子"留下的"後遺症"。的確，穆先生對我們要求比較嚴格，我感覺是對我們思想上的要求，也就是世界觀是否正確。

1997 年回國探親訪友時，到體院看望穆先生和她的先生-賈世儀院長，并一起共進午餐。

自我們全家移民美國後，前二十余年忙于奔生活，直到孩子大學

247

畢業，工作穩定之後，我們無論從精力上還是財力上都允许我們到各
國去旅游，所以，2003 年參加體院五十年校慶之後，幾乎每年都會
回國探親，也就與穆先生接觸交流多了，也讓我感到她除了在教學過
程中嚴肅不苟言笑的一面，還有生活中的大姐與小弟情誼深深的一
面。與穆先生除了聊學生時代思想不成熟和成長過程中存在的問題，
也談到當前學生與我們那個時代之間的差異和存在的問題，通過二
十余年的無障礙交談，我們與穆先生不僅師生情誼更深，而且也是亦
師亦友，不僅聆聽老師的教誨，時而也與穆先生開個生活中的玩笑，
她就是我們的良師益友。

　　　讓與穆先生歡樂的時光影像永遠留在我們五八屆滑冰班每一位同
學的心裡。

　　五八屆滑冰班：穆 余 劉 鄭 馬 臧 常
　　　　　　　　　秀 志 長 大 維 士 叙
　　　　　　　　　英 和 江 成 善 達 庸
　　谢谢穆婷，妳給了我們最後的留念
　　婷婷在母親的葬禮之後，寄來穆先生留在人世間的最後影像，它
留給我們是溫馨與美好的回憶。

从部分花圈可看出穆先生可谓："桃李芬芳满天下；朋友眾多遍全國；""以德育人"。

最後，婷婷谢谢妳，妳是从小跟着我們滑冰班一起生活過，媽媽上課時妳安静地坐在一旁，我們跑步時妳會一旁學跑，這都是六十年前的事了。我們班的同學（除我之外）妳都很熟悉，尤其是余志和叔叔在看望他姐姐路經天津時和妳三姨（秀英）特意去看妳，真不知是否是天意；再一位是我们班的個兒高臉長膚黑的

我们敬重的大姐-穆先生的遺照

馬維善（大哈）叔叔，妳小時候也是經常哄妳玩兒的有愛心的叔叔，往事如烟飛上蒼天，讓我們珍惜眼前的每一天，僅請諸位保重身體，待有機會再相聚。

"人生七十才开始，漫步八十乐逍遥"（一）

我写这篇短文实际是自我调侃自我发泄，题目的两句话就是在六十岁以后，自己很好地梳理一遍自己人生路，找出自己不同时期的对错，逐步我认识到是自己比别人成熟的晚，怨天怨地全没用，还是得靠自己的腿来走完自己的人生路，所以就有做一个画册的想法算是给自己的七十岁的生日礼物，相册的封面就用了"人生七十才开始"这句话，刚活明白还没来得及看看我们尚不认识的事物及没吃到的美食就到老年了。

我今天只有看照片回忆由小到大的成长经历：

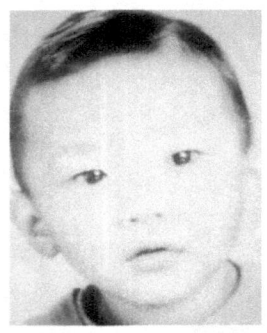

1941 年的周岁照片
于美国旧金山

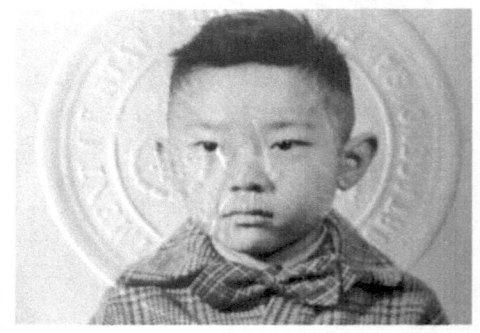

1946 年六岁回国，
这是美国护照上的照片

回国后，我们是住北京东城区东总布胡同 63 号，一年级因不会中文只好去东单三条的圣心小学，学生全是外国学童，只讲英文。二年级随父亲去东北抚顺的第三化学厂（就是今日的炼铝厂）出任厂长，我们兄弟三人就在家由母亲教我们，三年级回北京上育英小学，寒假全家去台湾，三年级下学期上的台北国语实验小学。1949 年 8 月由台北经香港回北京，四年级在育英小学，初中在育英中学 1955 年毕业，1958 年北京 24 中高中毕业，1963 年毕业于北京体育大学（原北京体育学院）。我先在北京原女八中（现鲁迅中学）和天津教师进修学院后天津师范大学京津两地各工作九年后于 1981 年四月全家移民美国至今。

1947 年摄于 夏季

1949 年二月摄于台北市，当时在台北国语实验小学念三年级下学期。

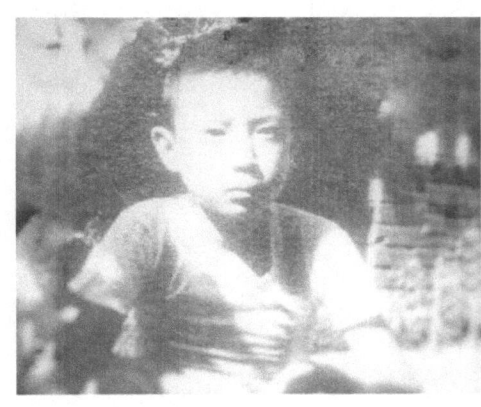

1951 年夏天我们是住在东城区新开路 59 号，是一座独门独户的小院，北房两间半，东厢房两间半，这张照片我的右手边有一棵大枣枞，每年都是大丰收，因为我家邻居是香油磨坊，房顶上晾晒的芝麻饼雨天随雨水流进我家，所以，枣树养料丰富必定年年丰收。

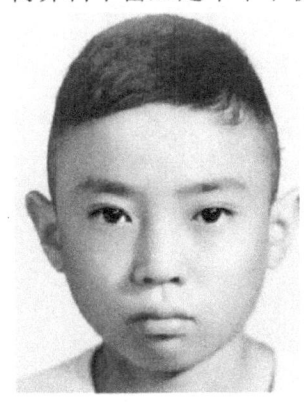

这张照片是 1952 年在天津上平凡小学六年级下学期和天津五十九中初一时拍摄的。

1953 年夏季，我父亲的工作由开滦矿务局调到北京矿业学院任工业化学教授，我们回北京上学，从初二到大学毕业，参

251

加工作到 1972 年 12 月 26 日工作调到天津位置，结束了北京十九年的学习和工作。

　　这张照片是我高三毕业时照的，本来是一拨同学要考艺术院校，我也跟着起哄照了相，到真报名时我肝颤了，原因一我就剩颜值尚可，权衡利弊还是选择了体育院校。临时的即兴表演我估计我不行，二是形体差点儿，这双腿不够直溜儿。

　　1960 年底全国冰球乙级联赛在吉林省长春市举行，我们在长春已训练数周就要到开幕式了，国家体育局下达文件，国家困难时期，全国性比赛一律停办，我们只得返校训练上课，在训练课后摄影留念。

　　这张照片是我工作一学期后的寒假，两位同学从上海回北京，一位同学从天津来我们有六人是在北京工作，难得凑在一起，转眼间已经有六人离开人世（前排三位女生，第二排右一，二和最后一排中间），留下的只有回忆和怀念。

　　这是文革期间，我与理化生教研室的老师去香山公园春游，瞬间我们六人当中除我已有五位先走了。在文革我被隔离审查和我母亲去世后的春节里，他们每家一天从大年三十到六年初五请我与他们家人一起过年，他们是我人生道路上的兄长与姐弟，目前，尚在人世的我 已是八十开外的人了，祝他们在天堂安康！

这是我们两个在1971年9月25日结婚前的唯一照片，因好友通知我，国庆后再次将我隔离审查，赶快结婚先把老婆"骗"到手，没想到"九一三事件"发生后，我从此就解放了。

1973年我们第一张的全家福照片（上）。

1973年我们教师进修学院女子排球队在"天津市高校排球联赛"荣获女子组冠军后合影。

254

1980 年全家移民美国前照的全家福

我今年实足年龄是七十有九虚龄八一，这张全家福是我四十岁照的，也就是我的前半生是在中国成长受教育，我的七十九年里有三十五年是生活在中国（二十二年在北京，十三年在其他省市学习工作），我的美好幸福的后半生虽在海外，但我必须承认自己身上的知识和技能都是来自十七年资产阶级修正主义路线的结果，多么希望现在的祖国花朵还能接受我们一样的阳光和雨露。

我的后半生全是在美国打拼，以后我会慢慢写出来供大家参考，人生七十才开始，何时才是终点站？起码我现在还不知道，目前我能做的就是：漫步八十乐逍遥。

"人生七十才开始，漫步八十乐逍遥"（二）

2000 年是跨世纪之年，也是我的本命年（龙??），六十岁后工作稳定，有时间梳理我这六十年的历程是如何闯或是如何混过来的，但我自己很好的把自己的思想很客观的分析和总结，让我头脑清晰起来。

六十岁之后是工作，锻炼，旅游三不误，第一件事就是照一张正是规格的全家福：

　　现在女儿们都有了正式工作，我们生活相对来讲是稳定的，我们当家长的心总算轻松多了，我应该考虑今后如何安排好我们的业余生活，一是锻炼，我的体重已从 67 公斤重到超过 90 公斤，走路速度稍快就会呼哧带喘，再不减重会影响工作，下班后去健身房练习力量，走步机的快速走步同时恢复打乒乓球，，并在 2001 年于纽约长岛的乒乓球比赛的中获得 1250 分级的冠军。

　　从此就开始坚持打乒乓球至今，前后在乒乓球和击剑的州与全美比赛中获得冠军奖杯和奖牌二十余座（枚）。击剑不是六零后的事儿，乒乓球是六零后的主要锻炼和比赛的项目，虽然参加过两次世界老年人乒乓球锦标赛，成绩一般没能进入第二轮。

　　这张照片是 2002 年在瑞士路曾儿市参加老年人乒乓球世锦赛，第一轮小组赛，左一是法国运动员，其他两位是德国选手，他们三人全是削球手，是我最不喜欢的类型选手，以三战皆墨止步第一轮小组赛。

　　这是第二次参加老年人乒乓球世锦赛于 2006 年在日本横滨，两位日本选手，一位法国选手，成绩与上一届相同—孔子搬家：尽是书（输），来日本一方面是赛球，另一方面也是与原北京女八中的老师和学生见面。

原女八中排球队员，1965 年初中毕业后考入北大附中，文革后移民到日本，这次比赛也可以探望原女八中的同事和学生。比赛后，我和原女八中排球队的方凯宁一起共进晚餐。

同时在日本横滨也碰到七十年代的国家队主力队员—梁戈亮先生和他的夫人，他参加 55－59 年龄组的比赛，我参加是 65－69 年龄组的比赛。

自 2006 年日本老年人比赛数年后，梁戈亮先生和原国家女队的世界冠军—刘炜一起带北京大学乒乓球队来美国的马里兰州巴尔的摩市参加比赛，赛后到了新泽西州我的朋友（也是我的教练）叶瑞玲夫妇家招待他们，并一起举行表演赛，受到当地的乒乓球爱好者和州立罗杰斯大学的学生热烈欢迎。

这是在我朋友家聊起当年在日本比赛的情景，而且还聊到他和日本队的老队员—三木圭一两人打球时的情景。

我的学生方凯宁租一辆轿车带我们和孟丽文老师一起去富士山游览，我们在富士山前留影。

我们与孟老师和学生方凯宁在日本的乡村的瀑布小溪的木桥上的合影

在六零后的九年里，我们还做了一些文化体育的交流事宜，我是去做辅助工作，主要是我的朋友叶瑞玲主持计划，我做一些具体的事情。在进行做事中又认识了一些华人朋友，开始的筹划的是邀请乒乓外交的开创者，蝉联三届世界乒乓球锦标赛男子团体和男单冠军—庄则栋先生访美，我在 2006 年再次去北京与庄则栋先生接触联系。

我们在 2006 年到了庄则栋先生的"国际乒乓球学校"参观，展室里有庄先生过去参加比赛的资料和照片，也有代表国家出访的外事活动的资料，内容非常丰富，同时也向他提出邀请来美国访问的意向。

晚上庄先生和他的赞助人请我们吃饭，右二是我太太的同班同学-崔麟和他的夫人，他们夫妇是国家队田径队的跨栏运动员，和庄则栋都很熟，崔麟在六十年代已经平了 110 米高栏的世界纪录，他

夫人是亚洲纪录保持者。

　　这两张照片是 2007 年春节庄则栋知道我们回国在深圳过年，打电话请我们吃火锅，这次还有位客人是王为念先生，介绍给我们认识，他是在央视的节目导演，他拟定了一个庄则栋访美的活动计划，让我们带回美国具体就计划拿出个执行方案。春节过后不久，美国罗德岛大学邀请庄则栋访问该校，顺理顺跸就可到新泽西州进行访问，详情另有几篇文章介绍就不在此啰嗦了。

　　在 2005 年秋天开始学习如何打高尔夫球，一年之后开始下场地打十八洞，开始的成绩是 120 杆，过半年进步到 100 杆，最好能破百到 95 杆，后来打的时间少了些，成绩不太稳定，一直没破了 90 杆。

　　她是我的乒乓球教练也是我的好朋友，她原是广东省乒乓球女队主力队员，蝉联多年广东省冠军，并在全国乒乓联赛取得女子双打第三名而获得运动健将称号。来美后多次代表美国参加奥运会和世锦赛，在数次美国公开赛，泛美运动会荣获女单女双冠军，曾为美国女子青年队，女子国家队的教练，美国乒乓球队的领队并被选为美国乒协副主席。

我的乒乓球教练蛮厉害的，第一位是庄永祥先生，来美前也是广东省乒乓球男队的主力队员，来美后曾六次获得美国公开赛的冠军，多次代表美国参加奥运会和世锦赛。第二位就是叶瑞玲，第三位是王晨，她是原中国国家队主力队员，在天津的世锦赛荣获女团世界冠军，来美后曾代表美国参加世锦赛和北京奥运并取得第八名的好成绩，因而获得"纽约市民的金钥匙。我从不敢提我的教练，因我的球技太臭有辱教练的名声。（待续）

"人生七十才开始，漫步八十乐逍遥"（三）

2007 年 6 月份庄则栋夫妇来美国新泽西州访问时，曾到我家小聚畅谈。

体坛传奇人物——庄则栋先生（一）

第一次见庄则栋先生是 1987 年 7 月暑假，我们全家来美六年首次回国探亲访友，顺便替他姐姐给国内的弟弟妹妹 捎些衣物。

巧遇—87 年春，我和太太去纽约法拉盛访友时到一家餐馆吃饭，饭后付账时看到墙上有一幅庄先生写的字便问道：庄先生来美国了吗？我的随便一问就引出了以后的故事。原来这家餐馆是庄先生的大姐（由台湾移民来美国）与人合资开办的，而庄先生的另位姐姐（北京石油学院 55 级学生）也在场，在畅谈过程中得知我们暑假要全家回国探亲访友，便请我们给庄则栋兄妹带些东西。

促膝长谈-87 年夏，给庄先生带东西时我脑中就冒出了一个想法，因 86 年秋末，我大学同系的同窗好友-吴彬带北京武术队来美国纽约演出，在聊天时吴彬曾问过我为何不开武馆？所以，到了庄先生的家后，当是庄先生的大哥也在场，我们边喝茶边聊天，也就是那次的长谈让我了解到庄先生在文革中的大起大落以及他本人婚姻生活的过去，现在与未来（即邓小平同志批准我们结婚一书的全部内容）。之后，我向庄先生提出了我的想法与邀请，既是请庄先生和吴彬一起来美国开俱乐部，但庄先生讲到中央有规定，他不能出国，此事到此作罢（后因吴彬当时任职武术队的总教练，不能离任）。后来，他结婚后曾到访日本和美国，好象是 87 或是 83 年底的事情，我记不清了，再见到庄先生是 2006 年秋。

追忆庄则栋夫妇访美纪实（二）

哈瑞森夫妇（左四和右一）他是当年美国乒乓球队的领队，后为

国际乒协副主席，也是打开中美外交之门的见证人之一，庄则栋夫妇（中间和左二），叶瑞玲夫妇（右四和右五，她是原广东队运动员，曾获省冠军多次，全国比赛女子双打第三名并参加冬季国家青训队训练，来美后，曾多次代表美国参加世锦赛和奥运会）她曾任美国乒协副主席，乔治（左三）他是当年访华的队员之一，也曾为美国乒协副主席，本人与太太（右三和右二）。

在叶瑞玲夫妇家里举行欢迎庄则栋夫妇访问新泽西州的晚餐会

2007 年夏初，庄则栋夫妇完成对罗德岛州立大学访问后来到了新泽西州，当晚在叶瑞玲夫妇家中举行了欢迎庄则栋伉俪访问新泽西州的宴会，来宾中有叶瑞玲夫妇的朋友；他们的学生和家长以及乒乓球爱好者；还有当年首次访问中国的美国乒乓球队的领队-哈瑞森（曾为国际乒联副主席）夫妇；当年的队员-乔治先生（曾为美国乒协副主席）等人。35 年前的老朋友再次相聚，让他们一起回忆了当年在日本名古屋庄先生如何赠送礼品给上错车的美国运动员-科恩和美国队申请访华被拒而又如何成功地完成了访华的意愿之有惊有险而有趣的历史过程。

在纽约市的"美中关系全国委员会"与会长—欧伦斯先生合影留念

在新泽西州的西原市的乒乓球俱乐部，庄先生接受了新闻媒体的采访；并与乒乓球爱好者一起交流球技，他还讲述了自己如何坚持两面攻的打法；庄则栋伉俪还参加了我们私人宴请的午晚餐会。

我们陪同庄则栋伉俪到纽约拜会了"美中关系全国委员会"会长-欧伦斯先生和副会长-白莉娟女士（72年中国乒乓球队访美时，她是美国国务卿-基辛格先生的秘书和中文翻译），庄先生赠送了自己的字幅给他们并一起合影。之后还去了纽约曼哈顿区及皇后区的华人体育场所与那里乒乓球爱好者交流球技和介绍当年"乒乓外交"事迹内容，观众热情高涨，很多观众是来自台湾；香港和澳门，尤其是来自港澳同胞，他们说：当年看二十六届乒乓世锦赛男单夺冠时的激动心情，虽然当时只是中学生，我们得了冠军总是非常高兴。交谈之后，并参加了我们在两地为庄则栋伉俪举行的欢迎宴会，中华公所的会长-伍先生特意赶来致辞表示欢迎，庄先生还见到当年的队友-国际乒坛名将-谭卓林夫妇，一起回忆当年大战世界乒坛之往事。我们通过白莉娟女士联系到基辛格博士，已是高龄的他在百忙中接见了庄则栋夫妇与叶瑞玲夫妇。在安排的活动之余我们到在哈德逊河中的"自由神像"岛参观游览。

在庄则栋伉俪结束新泽西州的访问前，叶瑞玲女士为庄则栋伉俪下一站-加利福尼亚州的访问作了精心的安排，除了对方邀请单位规定的讲座外；她几经周折联系到科恩的母亲，科恩是"乒乓外交"的美国方面的关键人物，他上错车并接受了庄则栋给他的礼物，此事成为日本媒体头版头条新闻，从而，促成了美国乒乓球队访华，打开中美外交之门。庄则栋伉俪拜见了科恩的母亲，又到科恩的墓地悼唁这位老朋友；参观了"尼克松图书馆"，成功和圆满地结束此次访美之旅。

今天，在你结束自己的人生之旅，我们会记住你对国家与人民做出的贡献，一切不快之事也就随风而去了。

在"美中关系全国委员会"副会长—白莉娟女士合影，在谈话里得知他们在文化交流方面一直保持良好的关系。这个"委员会"就是美国官方版的民间组织，在官方不好出面时就由"委员会"来从中斡旋。

在纽约的中国城里面酒店举行欢迎晚会，有几位侨团首领参加并讲话，气氛相当热烈，叶瑞玲还请到当年参加 26 届世锦赛的国家男队主力队员—谭卓林夫妇（右二和左三），他们曾是亲密的队友和朋友。

我们在纽约的"自由神像"前照完像后，在岛上参观走到休息站便坐下来休息聊天。

朋友来家小聚，拿出一瓶白兰地小酌，朋友看到瓶上有两个人的签名，我回想起来是庄则栋访美时到纽约法拉盛华人乒乓球俱乐部与球迷互访后的晚宴上，两位画家送给庄则栋伉俪的酒，临行前，庄先生不喝酒便转送给我了。我们边吃边饮边聊，想起许多与庄先生聊天的有趣内容：

（1）要活的"没心没肺"；这句话是我生活里一直遵照的格言，无论自己生活是否大起大落；顺境与逆境，所以，每天都活的快快乐乐，"钱多多花，钱少少花，不可不花"。庄则栋听了我这句格言后微笑说：你这还不全面，除了"没心没肺"外，还要"没皮没脸""没羞没臊""没老没少""没大没小"。他这几句幽默的话，是我们愉快地度过每一天，减轻生活压力的良药。

（2）"三次世界单打冠军是被让而获得"；这个话题对庄先生来讲是个很敏感的话题，他用自己几年来的比赛成绩说话：连三次世界冠军，连三次全国比赛冠军，连三次国家集训队内部比赛冠军，那全国比赛和国家队内部比赛有让的吗？我基本同意庄则栋的说法，他从技术上有拿冠军的实力，数据在那且是最有力的证明。另外，我认为在第26届世乒赛男单决赛时，贺老总说：男单就让小庄拿吧！这句话不代表庄则栋没有拿冠军的实力，而是放下思想包袱轻装上阵，使这场冠军争夺战更有观赏性。

（3）庄则栋先生为人率直而且谦虚；07年夏他来美国访问时，把他的博客网址输入我的电脑，每次更换的文章我都认真地阅读，但内容不接"地汽"，总是报导一些我又参加某某活动，与会者有过去的某部长；某省长；某省委书记等，有似于报纸的新闻报导。一次在通电话时庄先生问我是否看了他的博客，我说看了但内容是否可以更接近生活，写一些有关体育方面或是乒乓球技术方面的文章为好，这样会更有观赏性。庄先生虚心接受而后改变写作文风及内容，观赏性提高了，内容丰富而且知识面也宽了，我从他所写的文章里汲取了很多有益的知识。

庄则栋先生已经走完了他的人生旅途，从他最后近五年的与癌症进行抗争，还是以豁达的态度离开人世，虽说对他的病是误诊，但对体内产生癌细胞的外来因素不能不与自己情绪无关。所以我们就是要"没心没肺"地活着，可能说起来容易，但我只能说尽量做到吧。

六年前的大年初一（2013年2月10日大年初一）下午五点零六分时刻，我国乒坛神奇人物；蝉联三届乒乓球世锦赛男单冠军；乒乓外交的创始人物；为中美建交铺路的人物——庄则栋先生病逝。他的一生为祖国乒乓球事业努力奋斗，为祖国争夺荣誉而拼搏于国际乒坛，他的功绩有目共睹，虽然在文革中犯了错误，他本人已付出了代价。试问文革中有哪位中央领导没有站错过队？他就是一位优秀的乒乓球运动员，文化水平是高中，我国的运动队都是早期专业化，文化水平都不高，与发达国家不可相比。当年庄则栋做了国家体委主任（正部级），是主席钦点的，试问：点到你头上你敢说我不当！他已付出了代价—妻离子散，子女高考不被录取，多年的隔离审查交代问题，开除党籍开除公职，也就是说失去了一切。后被下放到山西地方，再被省队邀请帮助训练而取得出色成绩，除在全国比赛取得优秀成绩而且还培养出世界锦标赛女子单打冠军。但庄则栋是否可以继续立新功呢？否！文革在过去队友之间的恩恩怨怨直至延续到他的生命结束。

在我与庄则栋的交往中几乎很少说起文革中的事情，尤其是乒乓球员国家队的事情，即使你问到他也避而不答，有些事情还是通过同学和朋友（他们在体工队当教练，有的是体委机关干部）处了解到的，文革初期庄则栋，李富荣，徐寅生等人都是保皇派（保当时的体委副主任——荣高棠先生），是被革命群众斗争挨整的。他们的矛盾真正开始于庄则栋被钦点为国家体委主任以后，1971 年在日本第 31 届乒乓世锦赛发生的美国运动员—科恩上错交通车，发现车内全是中国运动员，科恩非常尴尬和害怕心理站在车门处，是庄则栋经过思考后送给科恩一幅杭州织锦，这一历史性镜头被记者扑捉后登在日本报纸头版的新闻，这个消息传回国后，将主席已拒绝美国乒乓球队访问中国马上改成同意美国队访问中国，开创了乒乓外交的先例，几年后中美建交，打开了双方交往的大门。庄则栋一只脚已踏上了政治仕途，转年中国队回访美国，代表团团长是庄则栋，后来中国友好代表团访问朝鲜庄则栋位副团长，直到被任命为国家体委主任。2008 年初，中央电视台 5 台乒乓球组的记者来加拿大，美国时（2 女 1 男），在我家住时一起聊天，我曾问过有关对庄则栋的看法，他们是三十出头的年轻人，她说庄则栋在文革整过李富荣而且整得很厉害，我觉得她说的是事实，原因如下：李富荣对庄则栋一直就不服气，李曾讲：庄则栋的冠军是让给她的。庄则栋跟我讲过此事，庄则栋说自己是蝉联三届世锦赛冠军，连三年全国锦标赛冠军，连续三年国家队内部比赛冠军，你怎能说是让的呢？我认为庄则栋是具有拿世界冠军的实力，庄则栋上述讲话就是有力的证明。文革前国家队内的比赛我基本都看，基本上是庄则栋占上风，无可置疑的事实。但在 1961 年底 26 届世锦赛男单决赛前，当时国务院副总理，国家体委主任—贺龙元帅说了：这次冠军让小庄拿吧！我认为有了贺老总这句话，庄李在比赛中就会轻装上阵，打出水平高，观赏性强的比赛。是否李富荣就没有夺冠的可能性？不能绝对说没有，李也赢过庄只是输多赢少，但在1965 年第 28 届世锦赛时，李富荣的球技的确有提高，而且在这届的团体赛里发挥非常出色，为拿下团体冠军立下汗马功劳，赢过冠军不等于就是冠军。所以，在庄则栋当了体委主任之后，一而再再而三的提出冠军是让的，不被整才怪呢，放到现在那李富荣就不是被整的事儿了，给你来个车祸，什么突发意外就会让你一辈子都不提冠军是否是让的了。从我和庄则栋的接触来看他的为人还是具有北方汉子的直来直去的性格，没有心计不善于玩儿心眼儿，他是优秀运动员，也是优秀的教练员，但当官搞政治，他还差一些，在文革里错综复杂的政治环境里，想不犯错误都难。话说回来了，庄则栋犯错误之后，被关审察多年后，双开又妻离子散后，连第二次结婚都是邓小平同志批准的，你们到国家体委和乒协当官后不是也一样在各种场合排挤他，在自己权利允许的范围里来刁难他吗？今天我们都是奔八张大踏步前进的时刻，人都死了，但我们仍然怀念他为国家体育事业做出的贡献，怀念他为祖国人民争来的荣誉，你们也都曾用过手中权力整过对方，此事双方就扯平了，但在乒乓球外交这个问题上，不管你们怎样羡慕嫉妒恨或是动用你们手中的权力来绕开庄则栋与乒乓外交之间的关系都是徒劳的，因你们没有那样的思想境界，没有那样的品德，没有那样的道德素质，而你们缺失的就是这些基本的素质，没有办法，这些东西来自于家庭环境影响与教育，来自先辈的遗传，来自社会的影响和自我的努力勤奋学习。光有心机会算计在做人方面是没用的，在官宦仕途的商场上是有用的，但人的一生还是做官经商的几率太少了，而做人是根本是一辈子的事。

六年前在庄则栋逝世后，连在一个像样的地方，给开一个像样的追悼会的勇气都没有，来与庄则栋遗体告别的人群中无一位官方人士，即使来了三名乒乓球界的著名人士还是加入他国国籍的战友和众多他生前文艺界的朋友及广大的球迷们和众多的朴实老百姓。他只不过是一位对国家体育事业有贡献的小人物，为何这么惧怕给一个客观正确的评价呢？更何况给我国造成十年文革浩劫灾难的大人物的评价是多么难产了！生气的话就不再说了，还是提前先给大家拜年了！祝猪年（肥猪拱门）吉祥如意！身体健康！

发生在庄则栋夫妇访问美国前后的事情

"不平等是绝对的，平等是相对的"。也就是说在特定的情况下，会看到"官兵平等"；"不拿群众一针一线"的现象存在，这也是从古到今之农民运动成功前所能做到的事情，一旦坐了江山就会变。要说现在的"人民公仆"还真不拿老百姓的"一针一线"，但拿的是成千万上亿元。如果政府官员但分能平等对待老百姓，就不会发生过多地方上的聚众闹事，下面我就说一件发生庄则栋先生访美前后的事情：

前：叶瑞玲女士从纽约回来马上打电话给我，兴高采烈的说：纽约的中华公所主席-伍先生对我讲，他们想请庄则栋去中华公所讲话，名为"小球转动地球，和谐走进未来"，伍先生可请到纽约大地区六十位华侨首领来听庄先生讲乒乓外交的始发的经过。我听了之后非常高兴，这是一次多好的统战机会，而且，伍先生还答应庄先生来中华公所时他们不挂青天白日旗和国民党党旗，这是多好的政治氛围。叶瑞玲让我把我们的计划内容及活动安排向纽约总领事馆汇报一下，领事馆接电话的是位男士（就不提姓名了，我认识他），当听到去中华公所一事时，很没礼貌，态度蛮横以上级对下属训斥及命令的口气说；不能去，因为中华公所是搞"台独"的，只承认一个中国。此言一出我差一点晕过去，中国偌大的国家派出的外交官员竟如此的高水平，"台独"的观点是认为自己是台湾人而不是中国人。而且台独也不会挂国民党党旗呀，当年中美建交时发表的联合公报上关键的一条是"海峡两岸人民只承认一个中国"，中华公所主席-伍先生讲得没有错呀！有人一来就讲：不要制造两个中国。1911 年 10 月 10 日建立了中华民国，1949 年 10 月 1 日建立了中华人民共和国，孰是一孰是二不是很清楚了吗？就在我们进行这些准备工作时，姚明已到台湾进行访问了。同为中国的名人，为什麽一个可做一个不可做，真是同人不同命呀！而且，中国领事馆；中国乒协；中华体育总会都给庄则栋家里打电话，告知不许去中华公所，搞得他精神压力很大，不知我们这边发生了什么事情。

后：庄则栋曾和我说过，他到国外访问都要和当地领事馆报备，所以庄则栋伉俪按约定时间到领事馆去见总领事-彭克玉先生，我在休息室看书，接见后又是那位曾在电话中打过交道的先生送庄则栋伉俪出来，他很热情面带笑容向我伸手走了过来，就在即将走到我面前要握手的一霎那，我转身走出休息室推开领事馆的大门拂袖而去，此时室内场景如何可想而知，他们出来后对我说：老常，你太不应该，这样不给面子，当时是多么尴尬的场面。总算先出口电话中受辱之恶气，别的没想那么多，此事至今还在反思，我究竟错了吗？六年的反思终于让我明白了一点，那次的冲动确实给庄先生带来了影响。他回到北京后在他的博客上写了访美的情况，唯独在新泽西州这两周的活动没有写出来。实际上我们为他们夫妇安排的活动非常接地气，除了和他的"粉丝"见面，交谈，签名还聆听他所讲有关"乒乓外交"事情发生及经过，声色并茂极为生动感人，在晚宴上与乒乓球爱好者一起照相留念。经我们的联系（最后是叶瑞玲与吉辛格博士的秘书-爱丽丝女士联系才能约定此次见面），使他达成这次访美之最大的愿望-拜访基辛格博士，又可以到加里福尼亚州原美国乒乓球队队员-科恩的墓地去祭拜，使两位开创"乒乓外交"的当事人能在冥冥中最后相见也为这件有历史意义的创举画上了圆满的句号。同时也见到了科恩的母亲，之后又去到前总统-尼克松图书馆参观。

　　将发生的事情写出来，一方面简单的报道了庄则栋伉俪访美的过程与"粉丝"热情互动的场景，同时也能为统战工作出点力，实际上是自己对政治还是门外汉，就是不了解当时两岸的政治动态，国际上政治力量之间的较量变化之内情，所以自己的热心和热情可能会有适得其反的效果。小小老百姓不关心国家大事就是最大的爱国，是国家安定和谐的基石。另一方面也看到自己在休养与涵养修炼还远远不够，今后有待提高，在这向当事人表示歉意，也让庄氏夫妇见笑了，不好意思。

"人生七十才开始，漫步八十乐逍遥"（四）

庄则栋夫妇访问新泽西州和纽约的照片展

哈瑞森和庄则栋的合影，哈瑞森是美国一公司的职员，71 年的比赛当了美国队的领队，以后还当了国际乒联的副主席。

庄则栋夫妇和哈瑞森夫妇的合影

1971 年乒乓外交美国乒乓球队首次访问中国时的领队和队员在欢迎仪式上与庄则栋先生经过四十六年再次相见在叶瑞玲夫妇家的后院朋友们大家一起畅谈。

在叶瑞玲夫妇家里的餐厅请庄则栋先生为朋友们签字

在朋友刘永夫妇家中举行欢迎庄则栋夫妇访问新泽西州的家庭宴会。

前面坐着左起是主人刘勇先生和他的女儿，他的岳父岳母和庄氏夫妇，后排左起叶瑞玲的兄嫂，叶瑞玲夫妇我和太太，女主人刘太太。

大家在房子前院合影留念

中国驻纽约总领事馆门前合影留念

纽约中国城的孔子像前合影留念

我们的挚友-李德钦夫妇在自家餐厅招待庄则栋夫妇并有我们的好友-詹哲琪先生来作陪。

我们夫妇两请他们在周末吃次大早餐，即时间再早午餐之间因他们每天早餐都是在旅馆吃，全是西餐的面包牛奶鸡蛋，已经厌烦了。我特别在新泽西州的 22 号公路上的春田镇一家中国餐馆，特别先点了豆浆油条以及汤面，再点些菜吃的非常满意开心。

发生在庄则栋夫妇访问美国前后的事情

"人生七十才开始，漫步八十乐逍遥" （五）

法国巴黎的凯旋门

在塞纳河里乘船游览两岸风景和雄伟的古代建筑，左侧岸由巴黎圣母院大教堂，看到教堂就想起钟楼怪人的故事。比较吸引观光客的两岸独特风景是晴朗的天空下，塞纳河的两岸边躺着为数不少的裸女进行日光浴，在美国和其它国家都有裸体浴场，但不像法国这样开放与浪漫。

法国巴黎的埃菲尔铁塔也是巴黎地标式的建筑，每年吸引大量的游客前来参观游览。

从旅游的角度来讲，欧洲，澳大利亚和新西兰，中南美的国家里没有太多的国家吸引我想去的，非洲不在考虑之内，亚洲除中国之外我只去日本，因为这个国家给我的印象最深的是民族精神，举一例说明：我走在东京市区的街道上，开始我没注意，后来发现东京人口密度如此之高的城市，边走边抽烟的只有我一个人（当时我还没戒烟），我百思不解日本烟民的比例不比中国少，怎么看不见吸烟的人？原来所有吸烟的人都围在一个垃圾桶吸烟，吸完后再继续走路。太多的日常生活里的事情在日本就显得那么井井有序，与我们国人差距太大了。

说句实话，旅游不外乎看看不同国家不同文化的风景与人情地貌，就我们现在的经济状况可以做到，只是因为我太太的身体情况不能做长途旅行。

对我们老年人来讲，旅游就是身心放松，游山玩水并增长知识，这些对国内的老年人是合口味的。可是我对亚洲最想要去的国家就是中国，中国的旅游业对我没有一点吸引力，不是祖国的风景不美丽，而是旅游环境和附带的服务性业务水平太差。毕竟我从 1946 年回国后开始在北京上小学，中学，大学毕业分配工作一共在中国学习工作生活三十五年，而且这三十五年是我生活中最重要最关键的三十五年，我与北京天津有不可割舍的情感，与这里的人又割舍不掉的情谊。其它洲的国家风土人情对我来讲就是过眼云烟，我们人生里最值钱的东西就是标不出价格的，也就是我们常說的"无价之宝"，那就是用多少钱买不到的人之间的情谊和感情之间的温暖。

最后谈一下有关微信的看法：这几年的微信对我来讲是自我接受教育和学习的过程，也曾经因为转发微信内容敏感被人质问过我"是否是党员吗？"，真是可笑，与一帮封建主义思想的人来谈二十一世纪的今天，我有病呀！今后我的微信只转发音乐，摄影（内容以动物为主），体育消息和自己的事情。我只是一位爱祖国的老人，爱中国是我做人的底线，国内一切社会现象与我无关，那是政府行为，我们没有资格评论，我只爱国。

最后谢谢大家这么多年对我的关心与支持，愿我们之间的情谊永存！

"人生七十才开始，漫步八十乐逍遥"（六）

　　这张照片是 2008 年在祖国的广州市广州会议大厅的留影，那一年的世界乒乓球锦标赛的男女团体赛是在祖国南方的广州市举行，我们两是持贵宾卡的随队出征的助威观众，我的朋友叶瑞玲是美国队的领队，美国队是业余队，没有太多的经费，除飞机票，比赛期间的吃住由美国乒协负责，美国队提前到广州的训练一切费用全靠大家拉赞助来解决，我只好求助于庄则栋来帮忙，他介绍我去找他过去带的队员—李鹏来帮忙。

我与李鹏在广东中山市的合影，他是我国七十年代的运动员，来自祖国北方的辽宁省，1973年他与梁戈亮，许绍发，陆元盛等队友在世锦赛夺回男团冠军杯，他退役后东渡日本，我见到他时已经是日方的总经理（已入日本籍）。

我第一次见到他是在广东中山市他所在的公司—"中山泰星公司"，他的公司制作世界各国名牌商品的商品袋以及漂亮的包装纸。他在当地与市领导和乒协的关系非常好，经过他的协商与赞助给美国队解决了美国队的四天的吃住与训练场地问题，为此我们获得贵宾卡。可以进入比赛场馆和代表队的驻地。

我的六零后的生活重要的一件事是我二女儿的婚事，克雷和我女儿在同一幢楼租房，他们相互认识是在2001年的纽约世贸中心大楼的恐怖事件发生后，被克雷的父母接到他家中避难，同去还有几位朋友，从此以后他们接触就多了，后来成为朋友，经过四年交往于2005年6月4日成婚。

2004年在日本横滨参加第十二届老人乒乓球世锦赛的运动员证。

从教堂出来后就到旅馆的宴会厅，在晚饭前亲朋好友到酒吧点酒喝并与朋友一起聊天，一般婚礼的酒吧从晚宴前一个小时开始到晚宴开始就停了，我女儿的酒吧从旁晚五点到半夜十二点舞尽人散才停止，朋友们都为我女儿的酒吧供酒近七个小时感到惊讶。

晚宴的第一支舞是由新郎和新娘跟自己的家长来跳，然后是双方家长跳。我从 1960 年高教部下达文件学校禁止跳舞后四十五年在女儿的婚礼上再次滑出舞步。四十五年前后跳舞的两种心态，当学生时跳舞是寻找生活的开始与追求，女儿婚礼的跳舞是我们生活里的收获与结果。

2007 年底，央视五频道体育台的乒乓球组的三位记者受邀于我朋友叶瑞玲来美到新泽西州访问，这是在朋友 Lisa 刘（右三）家与周到女士（左三）聊天，记者李武军在楼下打乒乓球。

还是在 Lisa 刘的家我们又接待来自祖国和宝岛台湾两岸的艺术家们。

与唐国强夫妇合影

与唐国强在谈他主演的历史剧"郑和下西洋"的历史事迹，其实就是侃。

与陈铎夫妇一起合影，陈夫人是北京三十七中的数学老师，正巧在文革期间因被派去五七干校劳动，与我同组的有三十七中的老师，我们便聊起了共同知道的话题，陈铎先生的"话說长江"我没看过，还是听国内的亲朋好友介绍给我才知道有关陈铎先生。

与台湾歌星——"无言的结局"原唱林淑蓉女士合影

与影视演员—雷恪生先生共进晚餐

　　接待雷恪生先生于家中，在聊天时得知雷先生比我高一届，是1957年北京男二中毕业考取中央戏剧学院表演系，我们聊起有关我的校友也在中央戏剧学院表演系学习，我是1958年北京24中毕业，我的同有四位考上艺术院校，一位是高我一级的王铁成与雷先生同班，毕业分到儿童剧院曾演过周总理。一位是低我一级顾威考进中央戏剧学院表演，毕业后分配到人艺是著名导演。一位是我同班同学李文尧考入北京中央戏剧学院舞美系，毕业后分配到解放军战友文工团，文革期间被分到青海京剧团，十年高中同学聚会时說李文尧的名字在某电视剧的片尾舞美设计人员名单见过，剧名想不起来，至今没找到此人。最后一位是同班的刘思平，他考入中国艺术学院导演

系，毕业后分到北京京剧团，曾导演过京剧"智取威虎山"。雷先生
与前三位还认识，另两位不熟。

我在圣-巴纳巴斯医院工作时，每年都举行一次高尔夫球慈善比
赛，命名"宙·派西"高尔夫球比赛，就是一这位美国著名喜剧演员
的姓名。他在美国大片儿"秘密武器"有出色的演出，他游走在两位
黑白警探之间的房屋中介滑稽可笑演出获得好评。在于他谈笑中他
說会讲中文，结果是在好莱坞一帮广东仔教他的广东骂人的脏话，当
我告诉他话的内容，大家捧腹大笑不止。

来参加高尔夫慈善午餐聚会名人还有高尔夫美国公开赛的冠军—
强·德里，还有拉斯维加斯赌城的知名节目主持人，这位给我签字的是
已退役纽约"洋基"棒球队的著名球星—菲爾·濡祖托（Phill Rezuto）。

2009 年初參加中國駐紐約總領事館的春節招待會并與駐美大使-張
業遂先生合影

我們與中國駐紐約總領事館的總領事彭克玉先生的合影

春節招待會結束后，離開總領事館前拍照留念

285

耄耋之年回国探亲访友之旅（一）

　　今年十月中旬的一天夜晚，我太太喝完水时对我讲：现在机票减价，你自己回国看看大伙儿。现在我才知道她让我回去是因好朋友去世，应该想做就做，不然没有後悔药可买。

　　我于十一月六日乘国航飞往北京，又有四年没回国了，上次回国在北京正值冬季供暖之前，晚上简直无法睡觉，屋子里到处冒凉气，这次原69届的同学—扈宝年给我在"职工之家"定了房间让我在京期閒居住，这个酒店是四星级，条件，设备及服务都挺好，七日扈宝年与芳芳一起到机场接我并送至酒店，室温适中睡觉感觉很好，躺下便一觉至天亮。

　　早餐後，学生来找我一起去办理临时手机，都要实名制，办理速度非常慢，终于有手机用了。下一项是理发，我的发长已到胸部，平时在美国就梳个马尾扎在脑後，到了中国不想给大家一个太特殊的印象，便将我的长发剪了起码又可以混上两年不理发。午餐时间正好走到一家护国寺小吃店，兴冲冲的进了店，买了豆汁儿，麵茶，驴打滚，豌豆黄等食品，结果是甚为难吃，有其名无其实。

　　九号是与原女八中的老师聚会，地点是北师大对面的同春园饭

286

庄，它是从西单路口搬到这儿。11 点大家陆续到齐，共九位老师，四位姐和四位妹，就是娘子军宴请洪长青呀！一位老师有十余年未见，边吃边聊几个小时瞬间即过，因为我下午有事大家就结束了。三点半我和我太太姐夫的侄儿与北体大的校友见面，说一些有关念博士後的工作选择问题，现在大学校园的气氛与我们那个年代有天壤之别，商业气息太浓了，的却不太习惯。

後排站立四位年轻于我，与我同坐四位年龄大于我。

与我太太姐夫的侄儿—巨桐在人民大学的咖啡馆前合影。

在人民大学的咖啡馆里与北体大校友一赵玲玲合影。

晚上，扈宝年与芳芳和另一位 72 届的同学请我在职工之家的餐馆用餐，除回忆文革时期的学校情况及文革结束後的发展及各自经历，回头一看每个人的生活都有自己的故事，无论是酸甜苦辣，全是激励自己向前的动力才有了今天的好结局。（待续）

耄耋之年回国探亲访友之旅（二）

当年的十六七岁的青少年如今已是六十三四岁的北京纯正的老爷们儿。

11/10/2018，今天上午十一时在女生一金桂华夫妇与影视演员一胡军和开的饭店聚会，主人怕我找不到便请刘景兴（上面照片左起第二位）到住处接我同往。这家饭店主要是北京涮火锅及京味菜系，当同学们相见之时热情高涨，有的是毕业後我们第一次见面，大家三五成群聊天照相。

与刘景兴（左）和李德峰交谈。

与女生合影（坐起：方英，主人-金桂华，崔芝花，王仲兰，郭凤云）

与崔芝花（左）和金桂华合影。

与李国庆，郑朝龙和曹永新聊天儿（左起）。

大家聊兴未尽时，主人邀请大家入座开始边吃边聊，大家互相敬酒兴致高涨，京味凉菜是最佳的酒菜，羊肉肥而不腻入口即化再加上可口的调料真优美。

酒足饭饱时间已过近三个小时，余兴未尽，无奈时间无情走得太快，只能进行最后一项—全体合影留念，祝愿大家身体健康！祝愿金桂华夫妇生意红火，为数钱手酸而痛苦！

回到酒店休息片刻，晚上是与男篮聚会，尤其难得是李思平与我同一天由美国飞回北京，这是我81年移民美国三十七年第一次与他相见，实在难得也非常高兴。晚上是吴培宽来酒店接我去聚会，而且张小丁还请到了我大学同届同学，西城区业体篮球石国今教练。

158 中男篮和石教练的合影。

来的八名同学里只有张小丁目前还打篮球，上个月刚在安徽合肥参加完全国老年组（60岁以上）的比赛并获得亚军。在桌上聊起过去打球时的各种趣闻与轶事，笑声连连不断，大家互相敬酒而不劝酒，大家吃得尽兴，喝得尽兴，聊得尽兴，要不是时间太短的话，很可能直到天亮未必能尽兴，希望我们还有下次。

耄耋之年回国探亲访友之旅（三）

11/11/2018 星期日

今天是我们24中高三（3）的同学聚会，第一次是高中毕业五十周年（2008年），参加人数有十数余人，这次是高中毕业六十周年的聚会，十年之间已有七人仙世，五位不原意再参加聚会，我的两位朋友母女已去法国，这次也只有六位老哥们儿参加聚会。

左起：本人，董春起，贾德培，杨宝衡，吴炜华，刘思平。

我和杨宝衡在吴焯华家聊天，杨老弟出身红五类，其父杨老伯是拉洋车养活全家，他的大哥和二哥全是地下党，大哥在日本投降後国共谈判时是叶剑英的交通员。解放後两位哥哥都是北京电力和邮政部门的司局级领导干部，他们是真正的革命者，对家人对自己严格要求，宝衡的大哥让他多看毛泽东的著作，不要总和我玩看电影。58年他考入北京地质学院，杨老弟体质弱，爬山寻矿对他来说太艰难了，半年就休学了到59年再次高考，考上了当年的北京铁道学院，总算脱离重体力负荷的专业。

刘思平在高中特别喜爱表演艺术，男扮女装跳采茶楪蝶舞，印尼的烛光舞，还在青艺做群众演员演出话剧"风暴"，我们24中有三名同学考入艺术院校，57级王铁成毕业後到儿童话剧院，曾为演周总理的特型演员；58级刘思平中国艺术学院毕业分配到北京京剧团

任导演，文革里曾导过智取威虎山，59 级顾威中戏毕业分配到北京人民艺术剧院任导演。他目前还参加有关剧本的修改工作，电影，电视剧的评论等项工作。

董春起，我们的老大哥，中学时他擅长多种乐器，京胡，二胡，月琴，24 中的老师酷爱京戏，有名票友擅长青衣的孙化民老师，老生非安子厚老师莫属，丑角赵长兴老师。当年董兄每逢老师唱戏就拉二胡还弹月琴，中学毕业後便去支教，他是从二外退休，教汉语，而且是书法家，中国国粹的知识非董兄莫属，但他却非常谦虚。他的篆刻技术非常高，而且还收参了许多名品篆刻图章。

吴炜华(右)在高中时已露出在文学方面的才华，我们班的壁报经常会有他的诗歌和短文，高中期间已阅览世界名著和中国作家的

293

经典作品。我们高考那年已经开始对考生的政审，他最後被北京师范学院中文系录取，毕业分配到平谷县中学任教，文革後调至北京经贸大学汉语教研室。文革中我们在高中同学的婚礼聚会上说的话被同学的女友举报而被单位打成现行反革命，今回首那只是笑谈。

贾德培（左）高中时因受儿时患大脑炎後遗症的影响，数学课成了他的负担，而在文科贾兄还是满有爱好，尤其对书法国画等作品尤其喜好。所以高中毕业就参加工作，记得上学时对午台的灯光的掌控有一定基础和爱好。他为人亲和待人诚实，我从没见过他与人红过脸争论过吵过嘴，总是面带笑容，所以在我们同学之中获有贾母之绰号。

聚会结束大家话别各自走路，我打的去原女八中的同事及好友也是我生活里的大哥—迟祥熙老师家，同去的还有石巧生老师，我们一起聊到文革前中後的学校及老师的变化，他们也关心我在国外生活和家庭情况，晚饭与大嫂张百克老师和迟老师长子—迟峰父女俩一起在附近酒店就餐，边吃边聊时间在不知不觉中溜了过去，一下就到了说再见的时刻了，祝愿我们大家多保重身体，精神愉快！

回想起往事，让我对迟兄有了更清晰更深刻的认识，他是 1961 年毕业于北京师范学院生物系分配到女八中，我是 63 年分配到女八中，我们当时都很年轻也都爱体育活动，尤其是乒乓球运动，没课大家就聚在乒乓球室里轮番大战，不但用手还用口，边打边侃其乐无穷。我们就是在这个环境中增加了相互了解与认识，直到文革开始，这场国难曝露了每个人的人格人品思想素质，无一人可以逃避。迟兄的人品传统正直诚实，思想纯洁无邪门歪道，尤其憎恶不学无术满嘴假话，专门靠溜须拍马往上爬的人。文革後，由于它的人品和业务能力被区教育局调它校出任校长，不学无术的教师见了他有如小鬼儿见钟馗，但钟馗在特色社会里是打不过小鬼儿的，迟兄被调回教育局任调研员直到退休。

因小鬼儿当道钟馗歇菜，造成我国的教育事业逐步发展成今日的局面，无语，无奈。

耄耋之年回国探亲访友之旅（四）

11/12/2018 星期二

这张照片是 2014 年在通州区聚会时的合影。

这次聚会定在东直门内东兴楼饭庄，四年前聚会的四位女士全部缺席，因病有事各两位，来的六位全部是 58 届的男生，六人中有四人是北体大的同学，有五人是育英中学的同学。

从左至右：关宏凯、王德泉、石国今、汤志永、我、高博禹

我们六人当中除石国今是从天津考入北体大，其余五人都是 55

年初中毕业于北京育英中学，德泉初中是的青峰篮球队，我们四人是初三七. 八班小皮球联队，当年，我们联队踢遍东城无敌手，最後与北京市小皮球冠军——育英小学队比赛以大比分胜出。考高中他们三个都考入 65 中，而我和另一位队员考入 24 中，当年我们都不到 16 岁，上高一又踢了一年少年队。高博禹 58 年考入北京地质学院并成为足球代表队一员，可惜在一次爬山时冻坏脚趾受伤，伤愈後也从此告别了足球运动，生活里就有这样的奇迹，当一扇门对你关上了，就会有一扇窗会为你打开，

高博禹在自己的专业终于走上顶峰，成为我国宝石鉴定专家而且是第一把交椅，但在温家宝的夫人淫威下欺行霸市，他就退出宝石鑑定这行，哪儿不能混口饭吃?58 年汤志永考上清华大学土建系，在校期间除是足球代表对外，还借调北京足球队参加全国足球联赛，比赛结束後弃踢专业队而回学校继续学业，文革後才专业对口到建筑设计院工作。我们三人考入北体大，他们两在球类系足球和蓝球专业，我选择武术系击剑专业，两年後天灾人祸造成体育发展放缓，大专院校科系调整，我们击剑专业被调整，我转到水冰系冰球专业，也可能是我的时运不佳，在冰球专业刚练两年又被调整，北体大由当初的六个系调整将合并成体操武术系，田径游泳系，球类系和理论系四个系，我本想去球类系凭自己的兴趣打一年篮球或踢一年足球就毕业完成五年的学业，结果我被关宏凯调侃一番说：咱学校就四个系，你要来球类系的话，那就剩下理论系您没练过了，您把体大玩儿个遍，最後游了一年泳就毕业了。

石国今是我们当中唯一的非北京爷们儿，他从天津考入北体大篮球专业，但他練了几年手球，毕业後分配到北京西城业余体校任篮球教练，他工作认真负责，所带的青少年篮球队进步很快，并在比赛中取得优异成绩，文革後体育开始恢复发展，他也做手球教练，本人也是北京队的队员，在他本职工作中做出贡献。我管他叫党内的绅士，从学生时代就是党员，在文革中他坚守政策，文革後坚持本职工作，不当官，让他做区体委主任他婉拒，反正不当官，在目前的社会党员争官买官，而国今老哥的思想境界还不够绅士吗?

王德泉分配到宣武区业体校的篮球教练，後调到区体委为体校的场馆操劳，一个偶然机让德泉学习到打保龄球的技术同时也参观了制造球道的工厂及生产过程，也成为我国第一支保龄球国家队的教练，还担任北京市保龄球协会的秘书长。

时间在聊天与吃之间飞逝而过，同时也发生乐趣，在点菜时我点的干炸丸子，目前餐馆的圆桌中央是一块圆型可转动的玻璃板，便于大家夹菜，当炸丸子上桌时，关宏凯与坐我对面的德泉聊得正欢，他的手指不停的转动圆盘没看炸丸子的位置，炸丸子在我面前真是三过家门丸子不能入口呀！我只能开口说：我说您边转边说到结账时我也吃不到丸子。此时大家止不住的笑了起来，这就是生活中有人办了好事还落埋怨的原因。

耄耋之年回国探亲访友之旅（五）

11/13/2018　星期二

今天是鲁迅中学男女篮球队成员大聚会，男女篮球队一起这是第二次聚会，第一次是1971年夏天，在拉练出发之前的周末我们一起去颐和园游玩，今天回忆起来我自己创造了几项我人生中的第一：A. 在女八中我第一次做女排教练。B. 在鲁迅中学我第一次做男篮教练。C. 自参加工作以来，第一次男女两队同时旅游，说明两队师生关系融洽。D. 第一次与未婚妻和学生一起旅游。E.

第一次戴着现行反革命的帽子当教练，这就是我的五项首创第一。笑谈了，言归正传。

上午十点一刻，女篮周小华接了焦老师再到中国职工之家接我同往右安门的南来顺饭店，大队人马相继到

来，只差李思平因事不能按时到，大家三三两两的聊了起来，主持热忙于点菜，当菜上齐时，思平匆匆到来，聚餐正式开始，相互敬酒，各自涮肉，互聊往事，互侃趣事，吃.聊.侃.逗与每人一锅放出的热气混在一起，气氛甚为热烈，瞬间就到了最後一项——合影留念。

　　最後：期待下次的聚会到来，祝愿大家保重身体！精神愉快！每天笑口常开！我欢迎大家到美国旅游，我在东岸迎接诸位。

与迟仲伦夫妇把酒言欢，聊叙剐後的种种坎坷

与迟仲伦夫妇合影

晚上，北体大的59届击剑专业的学弟—迟仲伦夫妇来访，自1960年我离开武术系後五十八年第一次相见，迟老弟在1964年分配到黑龙江省参加了第二届全运会，而且在佩剑个人赛获得好成绩，并在大庆教书结识了贤内助，她是音乐老师，培养不少优秀学生。我们聊了很多问题和事情，也让我认清一些事情，增加了见识，他们要回大庆治牙，很可能在我回美前没机会再见面了，之後又做候鸟飞往三亚过冬，祝仲伦夫妇生活愉快！身体安康！

耄耋之年回国探亲访友之旅（六）

11/14/2018　星期三

今天中午在海淀区的湄洲东波酒楼与我太太的同班同学聚会，我非常感谢来聚会的诸位，谢谢你们对她的关心。

非常感谢敏良夫妇、崔麟夫妇、二宇夫妇、芳宴、冬生、珠锁、鸿珍和宜男诸位老同学好朋友，她看到照片非常高兴，四年的同窗生活和五十余年的情谊，对她病情的恢复和改善是良好的助力，他的睡眠和饮食情况挺好，请大家放心。

因校庆大家高兴有人喝醉了，所以这次以茶代酒，相互敬酒相互祝福。

级长在下指示，这顿饭就你买单了。

这二位怎就来晚了，微笑一下就算过关了。

聚会的最後就是大家合影，留下美好的记乙。

与崔夫人合影

与二宇夫妇合影，他们于 12 月
9 号飞回澳大利亚。

到了晚上真是遇到头大的事了，原计划是与女八中的同学吃饭，后因鲁迅中学的 71 届入学 50 周年纪念刊物编辑组的成员—戚炎和张宝莉找我约稿，在接近谈完事时扈宝年和芳芳来了，在交谈中扈宝年得知戚炎的哥哥是宝年的同窗好友，这样，就由扈宝年作东请我们大家一起晚餐，而且张宝莉还带来了螃蟹与大家共享。

原女八中高三二班的班长
——赵宝暖女士

与戚炎和张宝莉的合影

耄耋之年回国探亲访友之旅（七）

11/15/2018　星期四

今天一早用过早餐便赶往北京南站去天津，我在 1972 年 12 月 26 号拿到调令告别我生活过 26 年的地方，从此再到北京就是客人了，尤其现在更是如此。

当年是照顾家庭关系调入天津，当时文革还没结束，我是顶着现行反革命的帽子进入高校，但没有一所高校接受，正值天津教师进修学院急需体育教师便在此落脚，学员全是从农场调回来的高二高三的学生，经过培训补充到中学教师队伍。

参加聚会共二十二人都是当年进修学院的教职工和学员，上次聚会是 2003 年，至今已是十五年前的事了，上次是医务室的叶大夫和李娟大夫等人组织的，这次是由原来进修学院体育教研室老师，现天津外国语大学汉语教研室教授——郭进军老师组织和张盛力老师具体协助执行，十五年后再次参加这样的聚会时我的福分，一个人在世能有几个十五年，我已经在第四和第五个十五年参加了两次进修学院的聚会，值得我珍惜和留念。

体育教研室的同事——张锦年

老进修的同事和邻居——李娟大夫(左)

与主持人、老同事、老朋友——郭进军合影留念

逗望窗外，思绪万千，我从北京调入进修学院後併入天津师范大学，我在这个院子居住九年，我的两个女儿也在这里出生成长，这里每幢楼房建筑我都那么熟悉，直到我全家移民美国三十七年後的今天再次与大家重聚这老进修的校址，想到我人生近九分之一的时间生活在这个院子里，这辈子只能飘落在海外了，无奈，这是我自己选择的路，我不後悔，我的家庭背景社会关系及我个人的性格都不适合生活在这块土地上，但我会永远怀念和敬重你们这些祖国的精英党内的绅士和我生活里的密友，希望能有下一次但我知道这可能是我们最後一次的美好聚会。

耄耋之年回国探亲访友之旅（八）

11/16/2018—11/19/2018（星期五——星期一）

今天上午乘厦航飞往深圳去看望我太太的姐夫全家和她的学生们，近中午时分飞机抵达深圳机场，在出站口我将好友一叶瑞玲托我带的东西交给对方后，便随张辉（文革时进入天津纺织工学院技工班的学生，毕业後留在校办工厂）驱车前往姐夫的家，洗澡将冬装换成夏装。

305

随後，姐夫与我和他大儿子去吃饭，好像是海洋世界那一块，饭後将我们送回家，大外甥去买晚饭的食材。

站立的是两位外甥（右大左二）。

左一是二外甥媳妇，右二是她的女婿。

　　星期日早晨饮早茶，这是广东人的生活习惯，与美国人的星期日大早餐的习惯是一样的。（左一二和右一二是二外甥的一家四口，右三四是三外甥媳妇母子俩。）

　　晚上张辉乘出租车接我去刘平野家，平野是 78 年考进天津纺织工学院，是篮球代表队的队员，父亲曾是河北篮球队的教练，母亲是河北大学的体育教授，夫人付红曾代表纺院选进天津市高校游泳代表队参加天津市运动会，父亲是纺院的教授。

　　左起：平野、付红、我和张辉。

　　平野特意为我选吃粤菜，也是我喜欢的菜系，其中一道菜名为胼（片）皮鸭，其实菜的内容与北京烤鸭没区别，也是春饼和甜面酱葱丝黄瓜条等辅料，最大的差别是北京烤鸭是皮，肉，鸭架全是食客的。

胼(片)皮鸭是顾名思义，食客只給鸭皮吃，整只鸭肉和鸭架归老闆再赚食客钱。

这顿饭最大的收获：(1)生动的阶级教育课，知道老闆是如何剥削食客的钱。(2)涨知识，不光科技是知识，吃也是一门高深的知识。(3)我总自吹吃遍北京名餐馆(除北京饭店的谭家菜没吃过，太贵吃不起)，这次愣让广东胼(片)皮鸭给摆平了，所以做人谦虚很重要。希望还有机会回国，特意到深圳请平野老弟再次进行粤菜知识普及教育(从明年元旦开始免费教育)。茶余饭後之笑谈，祝大家笑口常开，身体安康长寿！

耄耋之年回国探亲访友之旅（九）

上午张辉接我去机场飞往上海，虽然路上堵车，但还是非常幸运的按时到达航站楼，通过安检登机并准时平安降落在上海虹口机场。上海虹口机场与虹口火车站在同一地方，用同一条路离开这空铁两路交通中心，可我乘上出租车在通往高速路只堵了几分钟，我问司机为什么道路车辆不拥挤?司机讲：政府不准外省市车辆在高峰期间驶入高速路，这样就保证了本市的车辆的正常行驶。通过出租车和上海的高档住房的管理与设计，北京与上海的比较就是富豪对绅士，土鳖对金丝雀。

左起：邱希通、任起民、张安铭。

右三是周赓

左二是林良华

右二左一是杨业辉夫妇

王抗生

我们水冰系的同学在 1963 年毕业分配有 26 名分配到上海，至今也有五十五年了，其中周赓，邱希通，杨业辉我是毕业后第一次见面，其他同学在 2000 年左右在上海见过两次面，王抗生在美国的大哥家见过面。今天的菜由上海同学点的上海本帮菜，味道蛮好的。

在上海我的一位姐姐，她是 55 届北京石油学院学生，可以说是学霸而且还被推荐为留苏预备生，但在政审时没过关，在校期间不但学业好，田径场上也是中距离跑的好手。今年八十岁的她也是慢性病伴随着她，在目前的生活环境里，这个年龄段没病才不正常。

这次来上海特别要感谢刘勇贤侄，四年前来上海也是麻烦刘勇和栗文夫妇，栗文每天很忙，早出晚归还要陪我们一起去餐馆吃饭，这次来沪见到了我太太的同事—邵如林，文革结束後不久我们就移民美国，一晃就是近四十年，这次是移民後的第一次见面，美中不足是我去厕所时，脚下有个小台阶没留意一下踩空向前摔了出去，幸好只摔破了左膝盖的表皮，至今已痊愈。

鲍芝芳女士是上影制片厂的第四代电影导演，她是我大学同班同学——余志和的夫人，余志和在世时我就称她大嫂，今天依然是我的大嫂，自志和兄过世後每次回国我都会看望大嫂，一起吃个便饭，聊会儿天儿，这次聊到我们常家的历史时，大嫂一再劝说我应该把常家的历史写出来，不光是为常家的清白，而是要还那段历史的清白与真实性，历史就是社会发展过程的真实记载，不应该为执政党的需要而编造历史。我认为大嫂说得有道理，我应该去做这件事情，只是我的写作水平有限，我教语文的同学评价我的博客写作就是把聊天的内容落在文字表现出来，容我再想一想。玥天就结束这次上海之旅，想见到的人都见到了，心也安了没有任何牵挂的回北京了。

耄耋之年回国探亲访友之旅（十）

11/23-11/25/2018

从上海乘高铁回北京只用了四小时二十八分钟，这是我第二次乘高铁往返京沪之间，首次是 2014 年。从南方回来确实感觉有点儿累了，毕竟是七十有九了，逞不了强了，在深圳平野家就是向上跳了一下而抻了腰至今尚未痊愈，抓住空闲没有安排歇了一天，周末请刘景兴同学开车去西郊植物园给我岳父岳母扫墓，在回来的路上想请景兴和陪我同去带路的亲戚吃午饭，我们在烤鸭店四周的马路绕了三圈都没找到停车位，好容易有个车位是鼎泰丰包子铺的门前，无奈，因饿了只得凑合了，随便吃点填饱填饱肚子，我只能说句不好意思，让二位受委屈了。

周日是我和我的三位表妹（我奶奶的侄孙女）全家在大兴区三表妹一小疆家相见，上午是二妹力力一家三口开车接我同往，大妹也住大兴区，席间大家聊起了很多往事，从童年到老年就像在说昨天的事

311

似的,时间太短了余兴未了,晚
上还有乒乓球爱好者的聚会,
只得告别诸位亲人,希望还有
下次。(我因在机场登机前将在
家用的手机丢失,上述纪实均
无影像记录,抱歉。)

　　晚上,是我在美国认识的
两位北京爷们儿(他们都是我
的好友)

叶瑞玲乒乓球教练请来做客和
教练的,一位是国际认证的乒
乓球专项专业摄影师和翻译—
齐大征先生,另一位是曾获北
京市乒乓球男单冠军,毕业于
首都体师的乒乓球教练—杨志
强教练),齐大师组织这次活

杨教练来接我,出发前合影留念。

动,邀请一些老年乒乓球爱好者及乒乓名将的後代在小肠陈卤煮方
庄店举行。

今晚聚会的全体人员:左起 1-3 父母与女儿—杨柳(原国家队队
员,曾获全国比赛和朝鲜公开赛冠军,现为北京大学金融专业学
生)4.摄影大师—齐大征先生.5.朋友,乒乓技术純熟.6.医院护士,

老年组运动员，她是防守型运动员，削球技术有独特风格。7. 老年组女单冠军，也是小肠陈卤煮集团董事长：陈女士. 9. 乒乓球教练—杨志强先生. 10. 姜小英女士曾为广东省队运动员，也是我国优秀教练员姜永宁孙梅英夫妇的女儿。

练习後的合影（齐、常、姜、杨）

与陈董事长和杨教练合影留念

与原国家比赛冠军——杨柳女士合影留念

席间，齐大师发给我一张带有中华民国先总统蒋介石照片的酒瓶，我没来得及询问酒瓶的来源和在什么场合，我马上想到与我们常家有关联的几件事情。

这是2016年齐大师应美国国际乒乓球学院董事长—叶瑞玲女士的邀请来到新泽西州的乒乓球俱乐部，齐大师将他数年来在国内国际中国乒乓球队的战斗历程用他的镜头完整无缺的记录下来，俱乐部的墙壁上他的杰作至今保留在那儿，他是用影像传递中美之间乒乓文化的大使。

耄耋之年回国探亲访友之旅（十一）

11/27/2018　星期二

今天要去天津去见相识四十七年的老朋友——原天津纺织工学院冰球队的弟兄们，四十七年前他们进入纺院（简称）的技工班学习，毕业后分配少部分留在院内的系属工厂，给年轻人造成学习冰球技术机会的人是后来冰球队的教练——葛立斌老师和周身健老师，两位这个队的创建人已都是八十开外的人了，我们在冰上交锋数载，冰下斗嘴数年，这段不解情缘持续至今日总算有了完美的结局。

这张照片是 2014 年第一次聚会的留念

想到今天的聚会，心里也是兴奋不已，因此在乘火车时出了小的笑话：起床后洗漱完毕没来得及吃早餐就奔了北京南站，买完票看一下车厢号及座位号就去买咖啡和早点，可是我把车厢号记错了，把 7 车厢记成 1 车厢，就在车马上开动时，列车长查票告诉我坐错了车厢，如果走到 7 车厢我手里的热咖啡有烫到他人的危险，我决定补价升级，因我坐的是商务座席，等我吃完早餐正想享受一下沙发躺椅的舒适，火车开始减速了，太快了就到站了，这一百七八十元的票就没能享受旅程就结束了，我真是又当一回冤大头。

当我到鸿起顺酒店时还没到营业时间，在等待的期间让我回忆起很多七十年代文革里的冬季是让我们感到最兴奋的时段，冰球是让我忘掉一切烦恼的最佳良药。

与冰上冰下的挚友们合影留念

经过多年练习终于修得正果

　　过了 11 点来了两位原进修部的同事吕永泉和张盛力，谢谢他们特意赶来送给我们的礼物—我们夫妇两的一对名人篆刻的图章。同时，纺院的老队员也相继到齐，尤其是艾军老师送每人一个他亲自制作的精致地檀木外壳的打火机，还送我一条字幅，艾军老师目前已是天津名书法家，非常感谢艾老师，同时也谢谢队长—郑金明送给我们的名小吃——十八街的大麻花。酒过三巡，两位名杠头兄弟—白云东和王国强外加事端制造者—张宏泰，这三位的调侃用天津话淋漓尽致的表达，使房屋里的笑声一波高过一波，杂燥的的声音分贝早已超标了。

　　我们在冰上打了八九年的球，他们的成绩是很出色的，喜羊羊中也有悲哀，记得在我移民到美国最后一个冬季的比赛，那场比赛是师大对纺院，当比赛结束后我乘纺院的卡车回来，一进纺院的校门正巧遇到铁杆儿纺院队冰球迷—杨学礼书记，他大声的向卡车里喊了一句：你们赢老常了没？他们各个低着脑袋臊眉搭眼的说了一句：输了。我们多年得情分就是从冰球比赛开始，输给我們"師大"结束，这二字保持至今。（话说回来，我们赢在他们三位主力离队后。）玩笑归玩笑，今天要特别感谢队长郑金明老弟，艾军老师和诸位多年的好友，我会把今天的欢乐永远记在心里，希望有下一次，祝大家身心健康。

耄耋之年回国探亲訪友之旅（十二）

11/28/2018　星期三

今天中午是景兴老弟作东请我和同学在南三环刘家窑玉林烤鸭店吃饭，这是我回来的第二次能有与同学交谈的氘会，四十七年前他们毕业之後我工作调到天津就没再见过面，只在 2003 年与大家聚会过一次，人多没机会深聊。这又过十五年的今天，

他们都成熟了，远优于当年同龄的我。

後排四男二女是我的学生前排是他们的朋友和老师

我的这六位同学从小就在一起上学，既是同学又是邻居，聚会碰到一起互相胡侃乱逗哪像六十多岁的爷爷奶奶姥爷姥姥？

317

刘景兴是大哥兄长的角色

小妹崔志花和大姐王仲兰（右）

分享老师的荣誉为乐

兄妹情义深

71届六班情意永在心中！常老师在美国东海岸等你们的到来！

晚上，郭蓉安（她也是水冰系游泳专业59届的学妹，我们58届滑冰班同学刘长江的夫人）来酒店看我们，大家一起聊会儿天儿便到马路对面的长安大厦里的餐馆小吊梨汤吃了一顿全北京味道的菜。

我和1958年的击剑专业的同学合影

与我们班的同学刘长江的夫人——郭蓉安和同学郑大成的夫人——李梦华（左）合影留念

郑大成住护养院已经六年了，刘长江目前也住养老院，她们的丈夫已经多年在生活上需要照顾而不能自理，现在，她们二位为丈夫尽力后稍可喘口气，在精神上放松一下，我们都有老的一天，对她们这一切我深有体会，我太太自2014年从中国探亲回来后，身体情况逐渐下滑，最近两年生活基本不能自理，多亏我两个女儿帮我请了阿姨照顾我太太，我方得喘口气，还是自己多加保重，才能减轻儿女的负担。祝大家身体安康！

耄耋之年回国探亲访友之旅（十三）

11/29/2018　星期四

今天是我太太的同学杨鸿贞和于芳宴做东请客，崔麟夫妇作陪，吃饭地点在西三旗，二宇夫妇因事不能参加，上午十点多崔麟夫妇来接我，几年没见小黄色玩具车换辆白色本田，这车很省油，有导航没走弯路就找到地点。

出发前与崔仲氏合影留念

　　这个酒店也是北京风味，物美价廉，菜的味道也不错，大家一起连聊带吃兴致很高，可能我还不算是真正的食客，我没吃出来当今的全聚德的烤鸭与这个店的烤鸭味道上有何区别？根本目前全北京烤鸭全是一个味儿，现在的烤鸭吃法与传统的吃法不一样，配料也不一样，现在大家吃的是名字，排场和面子，至于味道如何又有谁在乎？这顿饭吃得很舒服，我也是替我太太表示谢意，愿情谊永存诸位身体安康！

　　晚上，是我们原武术系击剑和武术两个专业的 56 届—58 届的在京同学和两位从哈尔滨与石家庄来的同学在校庆之外的时间聚会，由陈家珍同学联系餐馆，我负责通知参加的同学，晚上大家集聚在花园路的新百万酒店，尤其是 56 届的陈蓝卷同学身体已是行动不太方便，让女儿陪他前来与大家见面，连饭也没吃说了会儿话就回家了。

　　由右至左：後排—谢道洁(57 届).吴彬(58 届)夫妇.李梦华(58 届).我(58 届).陈蓝卷.陶金汉.刘中立(三位是 56 届).陈家珍　(58 届)

　　我们是 58 年入学正赶上大跃进，当时是只分专业上训练课，理论课按年级上课，直到 1960 年困难时期院系调整政策下达后，大部分击剑专业的同学留在武术系转到武术专业训练，在座的 56 届毕业了，57 届的谢道洁转回田径系，我去水冰系滑冰班，另外三位练武术了。毕业 55 年后再次难得之聚会，以茶代酒相互祝福，相互鼓励过好退休后的老年生活，保重自己的身体，期待下次的聚会里的相逢。

耄耋之年回国探亲访友之旅（十四）

11/30/2018　星期五

二宇夫妇因昨天有事没有参加聚会，今天我们约好去长安大厦的小吊梨汤再次品尝京味菜肴，我们都喜欢那壶梨汤，非常好喝，因二宇他们于 12 月 9 日飞回澳大利亚，晚我五天，这次饭后不知道又要多长时间才能有机会再聚会?此刻心里多少有些伤感，因年纪大了，尤其对朋友之间的情谊更加珍惜。

下午，学生扈宝年来酒店接我们去良乡参观他新装修的家，路上车不堵挺快就到了他的新家。

进门後左手边的一对太师椅

上到二层开门後对面墙上的一幅油画

二楼主客厅墙上的一幅油画

三楼开门後面
墙上的油画

二楼主客厅的沙发椅

三层楼顶外的木质亭廊

晚上，宝年和芳芳请我们吃晚饭，多为京味小吃，我喝了一碗豆汁儿和一碗面条，因吃得有点饱在回酒店路上提前下车，迎着混浊的雾霾空气，迈着疲惫的双腿走回酒店，进了房间里脱了鞋就瘫在沙发上一动也不想动了，洗漱完毕马上就寝，明後天都要去天津会见朋友。

耄耋之年回国探亲访友之旅（十五）

12/1—3/2018 星期六—星期一

1号正赶上周末，坐车人不太多，我到车站买的是1和2号两天的往返车票，下车直奔聚会地点登赢楼饭庄。今天是我们天津师大体育教研室的同事继四年前的再次聚会。这次来的有王怀玉夫妇，解国栋老师，胆增寿老师和廖启炳夫妇，怀玉老师前个月身体状况不太好，最近刚刚恢复，我们都是八十岁左右的人了，身体的零件多少会有点儿毛病，希望大家自重，有机会我在美国东岸等待和欢迎你们的到来。

这张是三十八年前我们一家四口与我们家的好友，天津纺织工学院教授刘维和一家在我们移民前合影于院内图书馆前。

我太太是1965年毕业後分配到天津纺织工学院体育教研室，一是他在教师里是年轻的，与中年教师相处非常和睦，尤其在文革里没有参与两派的矛盾之中。我是婚後不到两年调入天津，之後就是冰球运动把我与我太太学校的教职员工的关系拉近了。尤其地震後，刘老师和夫人（田姨）把刚分到的两间单元房腾出一间给我们住，为了照顾我太太和孩子，所以，我家的老二就是田姨帮我们带大的，田姨的女儿和儿子就是我两女儿的姐姐哥哥。

一转眼，照片上的儿女们都长大了，儿女们的儿女都结婚和上大学了，今天接站的是刘老师的女儿和女婿，送我上站的是刘老师外孙女和外孙女婿，我不能不感叹，晚婚晚育的好处是什么?连自己孙子辈儿的婚礼都参加不了，不是人生的极大缺憾吗?所以，根据自己的感觉走，上面的政策不一定对。跑题了，遗憾的是聚会时间太短了，希望女儿退休后马上陪你父母来美国，记住，这是首要任务。

刘老师和田姨，我们只谈搬道岔和叙说友情。

晚上，宝年和芳芳在曲园请我们吃饭，还有宝年的朋友，他们都是过去一起打拼的兄弟，同甘共苦到今天，明天是最后的一次与同学聚会，也就是我这次的之旅的终点站。

右二就是我这次之旅的赞助人——扈宝年先生。左一是孙主任，全是胡先生共患难得朋友。

　　早餐後，收拾行李一切妥当後，我的学生景兴老弟开车帮我拉行李送我到东城区南河沿 1 号的翠明庄的西餐自助餐。2014 年也是在这儿聚会。我到时女排的人都到了，坐下刚说会儿话，午餐时间到了，大家拿了食物回来边吃边聊。

一拨七十多岁的中年人

边喝边聊

只聊不吃

　　从大家交谈中得知有人因意外受伤，有人查出内脏有异常待确诊，总之，不论身体有否异常都泰然处之，每天依然按自己的习惯生活，安详平静快乐度过每一天。

　　与大家合影话别後驱车前往首都机场旅店，希望再次相聚于翠明庄或是美国东岸于我家！

耄耋之年回國探親訪友之旅（完結篇）

　　首先我要感谢的是扈宝年先生及他的公司副总黄芳芳女士，自 1969 年北京狂下一场大冰雹的次日，69 届，70 届从原北京永定门车站出发奔向北大荒，十年後才返城，当过清洁工，吃过常人没吃过的苦终于在努力奋斗後见到了收获，苍天不负有心人。

　　2014 年分别四十五年後一个电话让我们又重新回到当年师生的年代里，见面後有说不完的话语，除了吃北京风味食品还带我们去钓鱼台国宾馆参观，没想到一下相隔四年才又相聚，尤其四年前也是这个在冬季供暖之前，晚上睡觉和在屋里待着真是冷得难以忍受，宝年不想四年前的尴尬情况再现，所以，就在中国职工之家定了房间，免遭室温低的痛苦。

这么多年来，每次在秋末冬初来访北京都会处在低室温难以入睡，惟有这次的探亲访友之旅的生活居住条件最好，谢谢宝年和芳芳的细心照顾，我会将这些美好的画面留在我的记忆中。

刘景兴，是我任教时 71 届的同学，在毕业前就参军了再见面已是四十余年之后了，经过在部队生活的锤炼加速他们的成长成熟，近几次回国探亲在京期间多次麻烦景兴开车接送，的却给了我太太身体欠佳的情况下出游带来极大的便利。这次与同学的聚会中，由于他的率直性格，仗义直言，具有凝聚力已成为男生中的大哥，女生中的姐夫（小姨多多），有一定的威信。同时也要谢谢金桂华夫妇，由于他们的盛情招待，大家能在一起把酒言欢，由于他们忙于生意，错过一次聚会，来日方长希望下次相聚在基辅或新泽西。

我有太多的朋友需要感谢，这次要谢谢送给我太太礼品的崔麟夫妇，我太太的同事——艾军老师和郑金明老师和老进修学院的同事——吕永泉总工，张盛力老师，还有纺院的刘老师和田姨送给我家的孙男滴女的天津风味食品，我太太同学送的茶叶，齐大师的名酒名茶和我学生送来的酒，实在是太多的礼品，再一次的感谢大家，我从国内带回来的不只是礼物而是无价的情意，这就叫情意无价。

我这一生虽然不欠任何人一分钱，但这次回国探亲访友让我欠了一屁股的人情债，债务压身精神负担不轻呀，回家后倒时差十天才勉强算倒过来，这才想起来要给几位被我这个科技外行骗的亲朋好友说句：谢谢你们给我行骗的机会，而且让我一骗再骗，弄得我都不好意思再骗了。

这张照片左侧的年轻人是我一担挑的侄儿——巨桐，目前在北京人民大学做博士后，我要预定机票被告知用手机办理，结果巨桐用他的手机替我定一张天津—深圳的机票，给他现金推了半天也不收，我想反正我也到天津与他的父母见面再给吧！与他父亲吃完饭我去机场的旅馆，不但机票钱没能给绳刚老弟，又从他手里又骗了一夜免费旅馆。好像我这个科技白痴成了行骗的资本，哈哈哈？？？？在上海打的不用手机也许近三十分钟你也等不上一辆出租，我深受其害，结果从上海回京的车票和旅馆费用全是这张照片里唯一的男孩——刘勇先生（刘维和老师和田姨的公子）付给的。

再次谢谢你们给了我骗吃骗喝的机会，希望这是我的第一次也是最後一次，否则，我会被人情债给压死的。

致 歉

毛毛二字是形容年龄我倒合适，可是做人做事的成熟，周到，稳重都与我的年龄不相称，就像这次之旅的时间安排有失欠妥，我和我的学生都有聚会，可我也曾经是学生，在这里我向我的老师教练——穆秀兰老师，乐伟老师，杨秀浩老师，王守忻老师致歉，作为您们学生的我此次安排欠妥，没能前往看望诸位老师，在这里祝愿各位老师身体健康长寿！

我还要向我的发小——王伟兄说句：对不起。我的原因上述已表，我从没忘记我母亲独居天津时张姨对我妈妈的照顾，张姨精明能干，待人诚恳善良，从没有用势力眼光看朋友，而且对我这晚辈视如亲人一般让我毕生难忘，正是张姨的榜样影响至今才有我今天的成就。最後，拜托嫂子对我伟兄多家照顾，他知书达理，在礼貌礼节方面是我们同辈人的典范，他诚实有余而灵活欠缺，望嫂子能与伟兄共同应对现实。

最後，我要向所有参加聚会的亲人朋友们说声对不起，回美国後应该在第一时间发个微信向大家报个平安，谢谢大家的关心，

我只顾了写之旅而忘记了礼节，实属不应该犯的错误，我会在今後的生活里改正，谢谢并希望能得到大家的原谅。

幸福和温馨的視頻通話

10月23日是我太太61屆田徑專業的同學聚會的日子，地點就在"圓明園"東門對過兒的"尚府一品"飯店。

從2014年我太太最後一次回國探親訪友至今就沒再和同學聚會過，我太太與她同班同學關係很好，她的名字很少有同學叫，都叫她的綽號："迷糊"。這個綽號跟她至今已經幾十年了，中學和大學的同學只叫她的綽號順口兒。

這次聚會共六男七女十三位，戲稱"十三太保"，我看"十三太飽"更爲貼切。（從左至右）前排：趙連甲、龍錦標，王敏良，于秉珍，這位我們不太熟、崔麟。後排：楊鴻珍、于芳晏、馬俊英、仲美蓉、何珠鎖、陳瓏、李宜男。

我太太與大家通過微信的視頻通話相互問候和聊天，畢竟五年沒見過面了，在美國只看到白二宇和高揚夫婦、鴻珍和芳晏，很希望能在美國的家裡與你們相見。

豐盛的佳肴與絕佳的胃口成就了 61 屆"十三太飽"美名。我對桌上的窩頭最感興趣，很長時間沒有吃過香甜可口的粗糧了，希望明年回老家祭祖時能吃一頓粗糧大餐，以解口饞之癮。

睹物思人——懷念北京女八中的劉連璞老師

下午與老沈（有成）打完乒乓球回家後，接着看上午沒看完的微信，當我看到我二嫂發的一個微信（就是上面放風箏的影片），一下讓我想起一位老師-劉連璞先生。

我是 1963 年畢業後分配到北京女八中任體育老師，在一次與四十一中的教工籃球比賽時，我第一次與劉連璞老師接觸，知道他是教高三"解析幾何"的數學老師，他的籃球打得也挺好，跑的速度，彈跳力和投籃技術都不錯，我們都是住校老師，周末沒處去就在一起聊天兒，打球，同時也發現劉老師山水畫也畫的很好，書法也挺好，別的同事告訴我說他還會糊風箏。

秋末冬初時節，我和劉老師也熟份了，他一天和我說過幾天周末我們去天安門廣場放風箏。他做的這風箏是一百米長，是條巨龍，龍身有百個，每個都是畫的山水畫，龍頭

與武術的舞龍的龍頭差不多，但劉老師的風箏有一絕技佳作之處：（1）龍頭兩側各裝一個小風車用一根竹芊連起來，一側裝上小鼓，另一側裝上小鑼，風箏飛起後風車快速轉動，捆綁在竹芊上的鑼鼓小槌便不停的敲打着鑼鼓，真有龍騰之勢。（2）給龍送飯的蝶：在龍頭與風箏弦軸之間有一隻蝴蝶，翅膀與身體用橡筋連結，翅膀可張開也可合攏，在龍頭與弦軸之間拴兩個圓珠，既可展翅上飛送飯，碰到圓珠翅膀自動合攏下滑碰到圓珠展翅上飛往返上下。

我在天安門廣場放風箏時，正遇上體院水冰系留校任教的學長-賈忠，他問我分配何處工作？我順嘴就胡說八道說："没人要，没工作，這不跟人家賣風箏不您吶！"隨便的胡說八道玩笑還真傳開了

說小常沒工作賣風箏。我總是該說假話時說實話和真話，該說真話時
又開玩笑胡說八道，說瞎話不耽誤正事兒就行，總說真話實話生活就
沒樂趣了。

北京体育大学武术系学生对老师仙逝之感言

2013 年六十年校慶的合影

五十年代王守剛先生的英姿

王守刚先生和黄占螯先生在比赛表演中的一个冲刺进攻动作

李孟华：想办法把这两张照片加上，冲刺的那张是黄、王二位老师。

北体大六十年校庆（2013 年）56 届和 58 届云剑专业同学合影留念
（右三为鲍隆威同学）

鲍隆威：惊悉敬爱的老师过逝，悲伤！

鲍隆威：感念，感动你对中国击剑运动发展历程的情怀及对两位
先生的恩爱，敬重之情！同时，从中也感受到了老弟超群的记忆力，
感悟力，和活动能力！兄自愧不如…

常叙庸：谢谢师兄的誇奖，记忆力已经减退，文章发表后，睡觉半夜醒来突然想起，还有一位前辈的人名忘记写进去，她就是倪珍珠老师。

我和56届击剑专业学长-刘中立与王守刚先生一起合影留念

刘中立：沉痛悼念王守刚老师：为击剑事业贡献了一生精力。万古常青永垂不朽！中立叩首！

体操武术系的同学与王守刚先生一起合影留念（左一是武术专业58届的吴斌）

吴彬：北京体育学院武术系张文广、林仲英、王德英、王守刚几位老师教授撑起了这几个专业的大牌才能使我们武术系所培养出的师资能在全国名列前茅为国家体育事业的发展做出重大贡献。我们应该衷心感谢和纪念我们伟大的老师！

　　（我为吴彬的感言做注解：因吴彬的感言里提到四位导师的名字，不是体院人人都知晓他们的功绩，就是武术系的学生也要是1965年以前的毕业生能熟知四位导师的功绩。吴彬只是替我们这一代从事武术和重竞技项目的教练员和教师说出我们心里对他们崇敬和感恩的话语。下面我就自己所认识的这四位导师情况向诸位介绍一些：【1】张文广教授是武术系系主任，在中国武术界是名家，擅长查拳，在1936年参加德国柏林奥运会的中华民国的体育代表团里有张文广先生。他培养的学生我只能说我们58届武术专业的情况，我们58级武术班的成员有两位一入学就在全国比赛中曾获得过名次，一位男生是门惠丰，一位女生是伍淑清，其他学员都是第一次接触武术项目。在毕业后，门惠丰留校任教，退休前已是中国武术十大名教授；吴彬毕业后分配北京什刹海业余体校，武术教练，后为北京武术队总教练，在中国武术比赛中连续十年荣获全国团体冠军，并培养出全国冠军-李连杰，吴京，甄子丹等明星级演员和世界武术锦标赛的冠军-姜邦军，因他们师徒二人前几年来过我家，所以认识。他是中国十大名教练之一；陈家珍毕业后分配到北京医学院体育教研室，是全国武术比赛的国家级的编排记录长和裁判．也荣获中国太极拳百名名教师的称号【2】林仲英教授曾是举重运动员，乜是1956年中国奥林匹克体育代表团的举重运动员，他曾培养出的学生除留校任教的彭可光，裔程洪，萬德光，李维善外，我们这届的刘福荣分配到黑龙江省体委任省举重队的教练，还有其他学员任省市队的教练。【3】王德英教授是我院和北京市摔跤队（包括中国式和国际的古典式，自由式）的教练，王德英教授曾获中国式摔跤的冠军，也是国际角力自由式摔跤的冠军。56级的蔡寅寶、吴振海、57级的章守律都是全国冠军，同时也是省队和国家队的教练。我们58级的摔跤班除一人受伤转到武术专业外，全班同学都是全国比赛的冠亚军，全班同学都获得"运动健将"称号，林昭还是国家队的教练。【4】王守刚先生这里就不再多讲了，我前一篇文章已经介绍过了。）